園芸道具の選び方・使い方「コツ」の科学

切る・掘る・まく

公益社団法人
園芸文化協会

講談社

「道楽」とは、「道具」で「楽」をすることです

◆園芸や菜園で失敗しないために

人間はいつのころからか花を愛し、自然の中に咲く花を観賞したり、摘んできて飾ったり、亡き人に捧げたりするようになりました。当然、次には食用のためだけではなく、愛でるために植物を育て、身の回りで咲かせたいと思ったことでしょう。

日本には飛鳥時代（592～710）に庭園の技術が伝えられたといわれ、『万葉集』にはいくつもの花が詠まれています。実際に栽培や造園を始めると、素手では大変だということに気づきます。何らかの道具をつくって作業効率を高めたと思われます。

現代でも、園芸や菜園で植物を育てるには、道具が必要になります。**園芸道具は作業効率を高めるだけではなく、植物を健全に育て、よい花を咲かせ、楽に収穫する、害虫から身を守るなど様々な役割があります。植物が順調に育つと、園芸がもっと楽しくなり、上達への近道となることでしょう。**さらに、所有する喜びやファッション性も重要な要素です。

園芸が盛んなイギリスやドイツなどのヨーロッパ諸国やアメリカなどの欧米各国では、

作業に合わせて園芸道具が細分化し、使いやすく工夫されてきました。

日本は江戸時代に世界最高峰ともいえるほどの園芸大国になり、明治時代にはヨーロッパから道具が輸入され、使い方に合わせて日本でさらに改良されています。しかし、日本人はまだまだ不便を我慢して作業することが多く、便利な道具や資材が一部の人以外には知られていないようです。

例えば品質の悪いハサミはすぐに切れ味が落ち、何本も枝を切るとすぐに疲れ、切り口がつぶれ雑菌が入りやすくなり、枝が枯れたり芽が出るのが遅くなったりします。大工用のノコギリで生木を切るとまともに切れずさらに雑菌が入りやすくなります。植物だけでなく、悪い道具は思わぬ事故につながることがあるかもしれません。

本書では、園芸や菜園をより楽に、より楽しく、より成功させるための道具と、道具の選び方や使い方などを紹介しています。

園芸道具には専門店の高級品から100円ショップの廉価品まで多種多様にあります。こだわりや使用頻度などに合わせて選びましょう。**園芸や菜園は、開花や収穫といった結果だけではなく、作業すること自体が楽しみであり、日々育つ植物を眺めることが喜びです。楽しくファッショナブルによい道具を使い、よい結果を出しましょう。**

公益社団法人園芸文化協会

庭やベランダ、花壇の園芸ツール

楽しく作業して、美しい花を咲かせましょう。

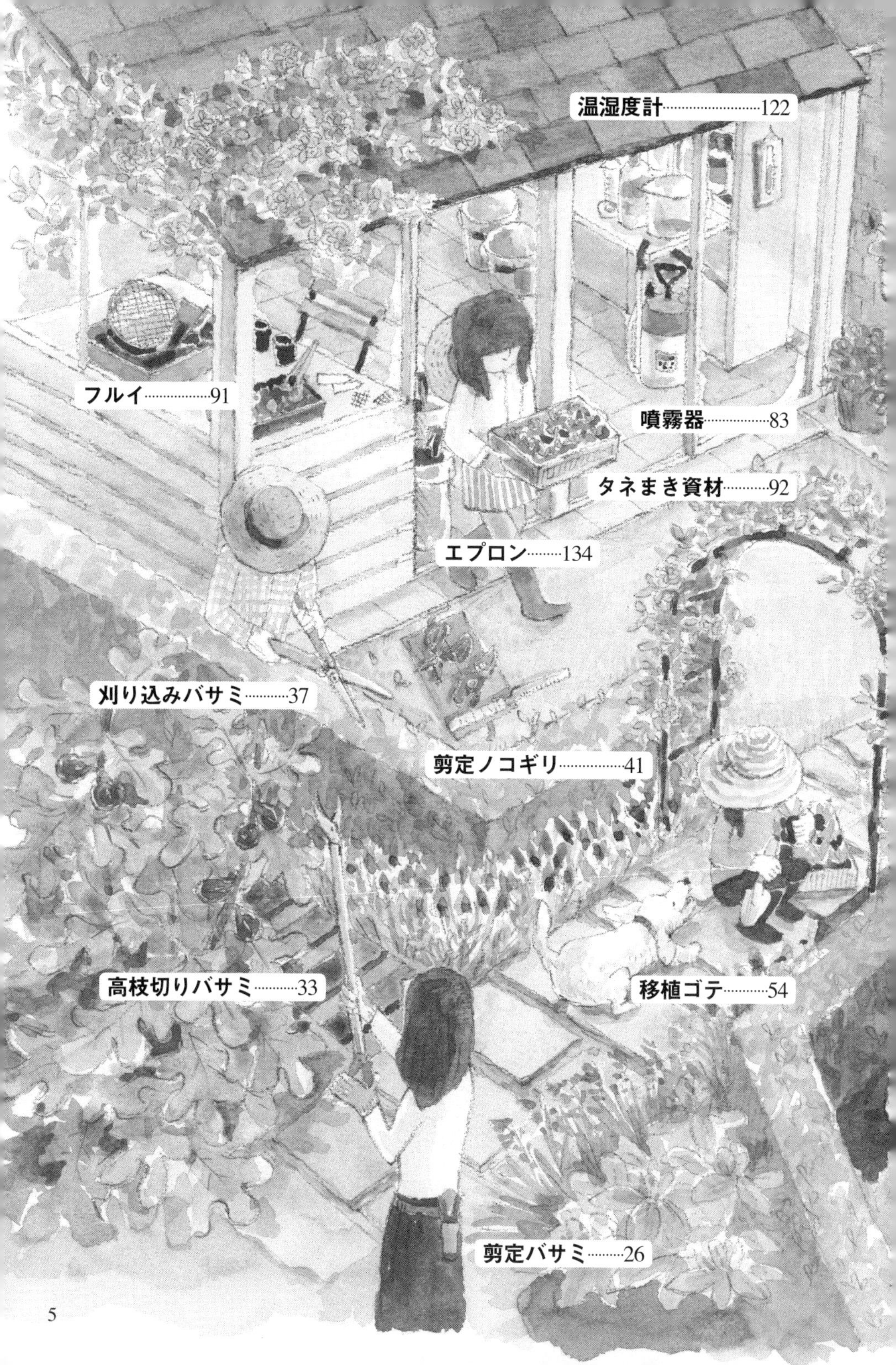
温湿度計……122
フルイ……91
噴霧器……83
タネまき資材……92
エプロン……134
刈り込みバサミ……37
剪定ノコギリ……41
高枝切りバサミ……33
移植ゴテ……54
剪定バサミ……26

菜園の園芸ツール

道具や資材を駆使して、おいしい野菜や果物をたくさん収穫しましょう。

ジョウロ………72
帽子…………132
手袋…………128
山菜掘り……………56
クワ……………64
噴霧器…………83
ネット………118
タネまき資材………92
レーキ………67
クマデ………105
園芸バサミ………24

作業に欠かせない、使いやすい園芸道具

◆毎日使うものだから、使いやすく機能的なものを

園芸や菜園の作業は、日々行うものなので、デザイン優先のものは避け、**使いやすく、壊れにくく、作業しやすいものを選びたいものです。道具も服装も、ガーデニング専用のものにこだわる必要はありません。**

とはいえ、機能性だけでは味気ないので、少しおしゃれであったり、安っぽさがなく、使っていて満足できるものであれば、なおよいでしょう。

園芸大国であるイギリス製の有名ブランドの道具は、総じて信頼がおけ、機能的でデザイン性も高いものがたくさんあります。ただし、欧米人の体格に合わせてあることが多いので、手になじむかどうか、大きさや重さはどうかなど、慎重に確認してから購入しましょう。

なお、園芸道具は軽くてさびにくいアルミ製やステンレス製のものがよいでしょう。

【実際に使っている、達人おすすめ園芸道具】

庭の手入れで、日々実際に
使ってよかったツールたちです。

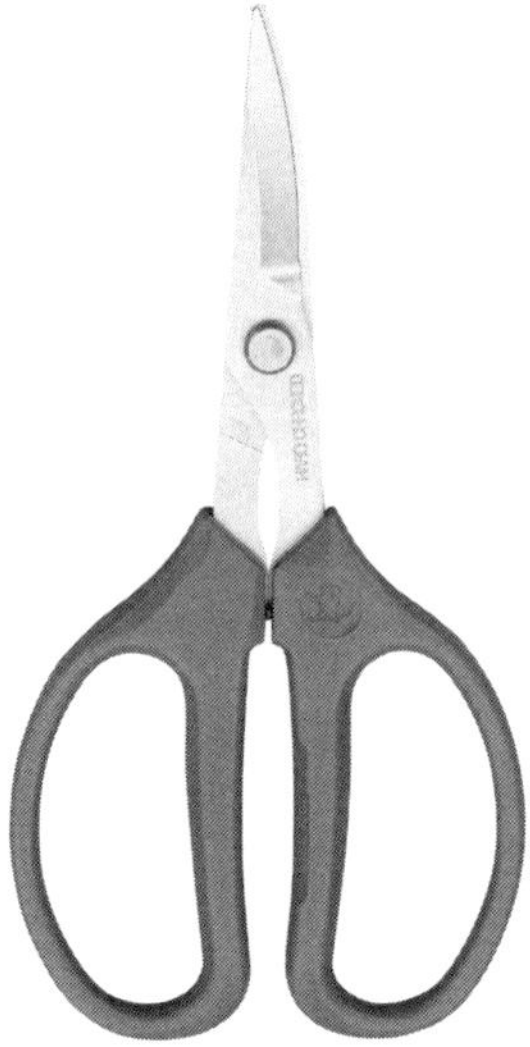

クラフトバサミ（強力タイプ）

刃先が細いが、ある程度太い枝（直径約1cm）からワイヤ、ひもなどが切れる万能な1本。

クラフトバサミは、枝の剪定にも使用できる。

ショベルは、土壌改良や苗の植え穴を掘るなど、庭作業の必需品。

ショベル

ガーデニング用のショベルは、手になじむ木製の柄のものや腐りにくい金属製のもので、小型のものがおすすめです。

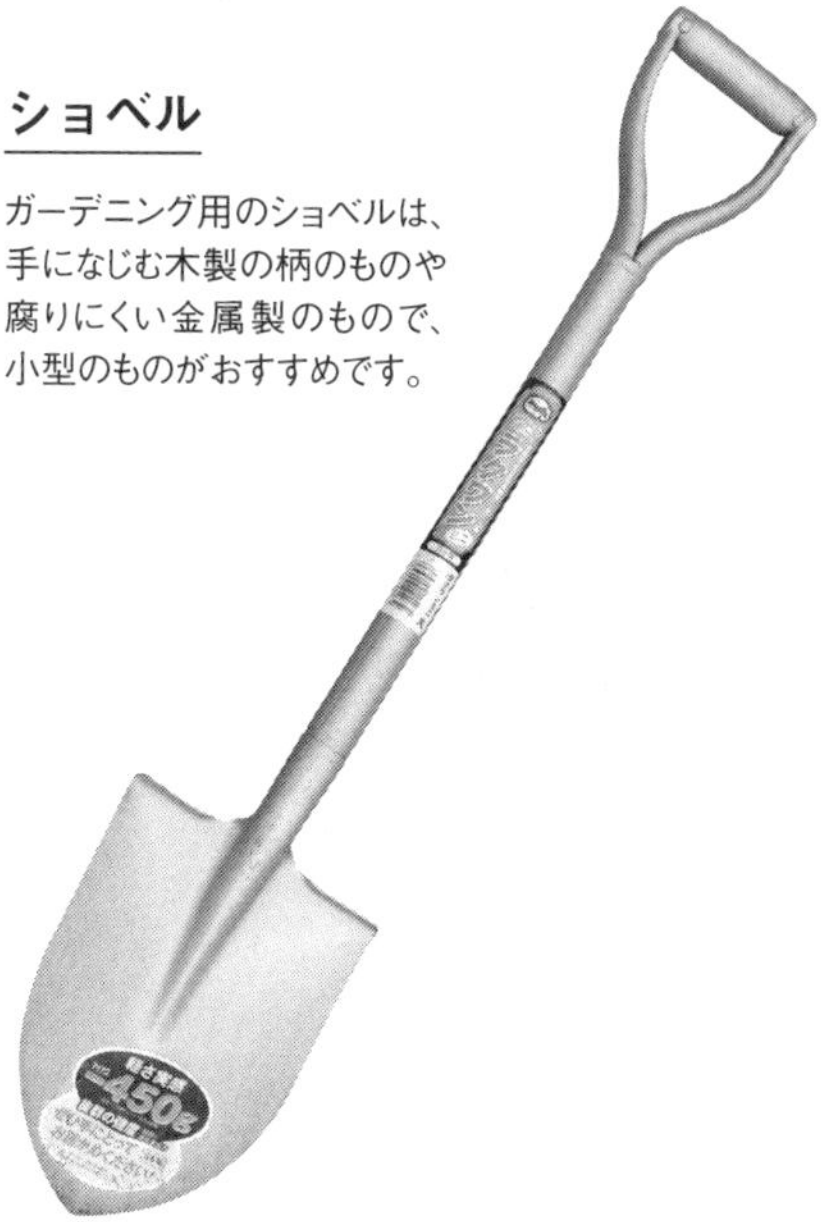

細身のノコギリ

バラの剪定では、バラのシュート（新枝）の間に入る細身の剪定ノコギリが便利。

作業するときの服装や履物は、

・「ワークマン」のデニム
・アウトドアブランド、「モンベル」のパンツ
・「ユニクロ」のインナーやアウター（パーカーなど）
・「コストコ」のUVカット帽子
・「カインズ」の膝当て
・イギリスの「HUNTER（ハンター）」の長靴

など、定評ある海外ブランドのみでなく、ファストファッションやアウトドアブランド、ホームセンターのプライベートブランドにもリーズナブルで機能性も高いものがたくさんあります。

なかでもユニクロのインナーとパーカーは本当に優秀で、必須アイテムです。

【除草の三種の神器】

「除草8割」といわれるほど、除草は大切な作業です。
よい道具を使えば、細かい作業も楽になります。

山菜掘りははじめての人でも使いやすい。

山菜掘り

除草で活躍するが、切る（株分け）、掘る（球根の植えつけ）などにも使えるガーデナー必携の万能ツール。

除草ガマ（鎌）

初心者には、柄が短く軽いものがおすすめ。

根が深い雑草などに適した除草ガマ。

ねじりガマ

柄に対して刃がねじったように角度をつけているカマ。根が深い雑草などに適した除草ガマ。

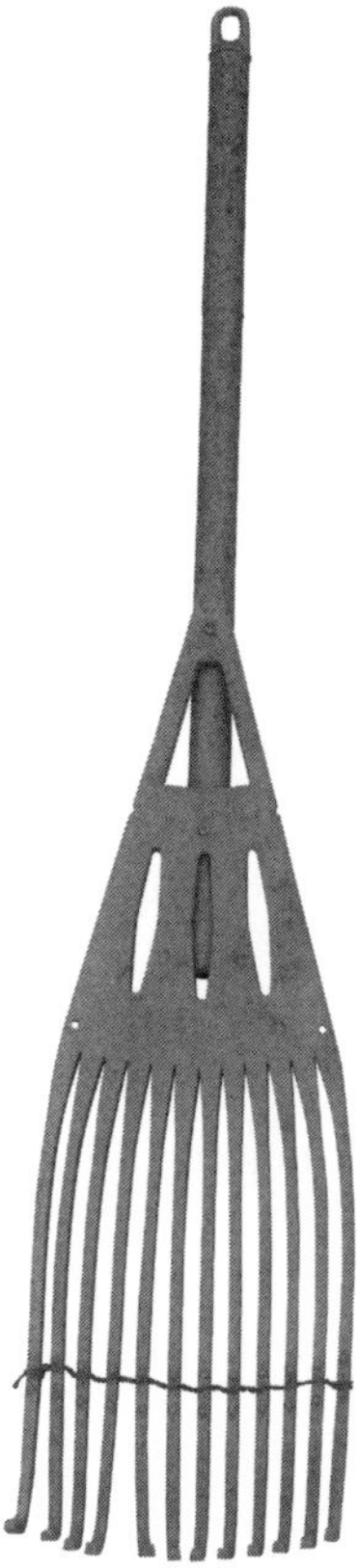

軽作業に適したクワ。スチール製がおすすめ。

竹クマデ(熊手)

しなりがよく軽い。バラや苗の間の落ち葉やゴミをかき集めるのに便利。

片手グワ(鍬)

軽量でコンパクト。植え替えや掘り起こしなどに使え、慣れれば移植ゴテより使いやすい。

雑草、剪定した枝、落ち葉の掃除などに便利。

金属クマデ(熊手)

スチール製が丈夫で長持ち。

竹クマデより、力を加えても壊れにくい。

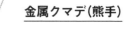

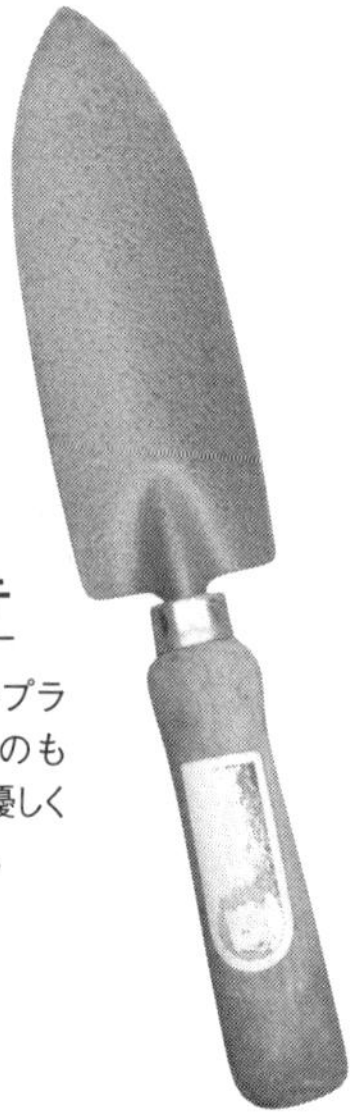

移植ゴテ

柄が木製やプラスチック製のものが、手に優しく使いやすい。

フォーク

生い茂った植物を掘り上げ、宿根草の株分けなどで活躍する。

根の張った植物の掘り起こしなどに。

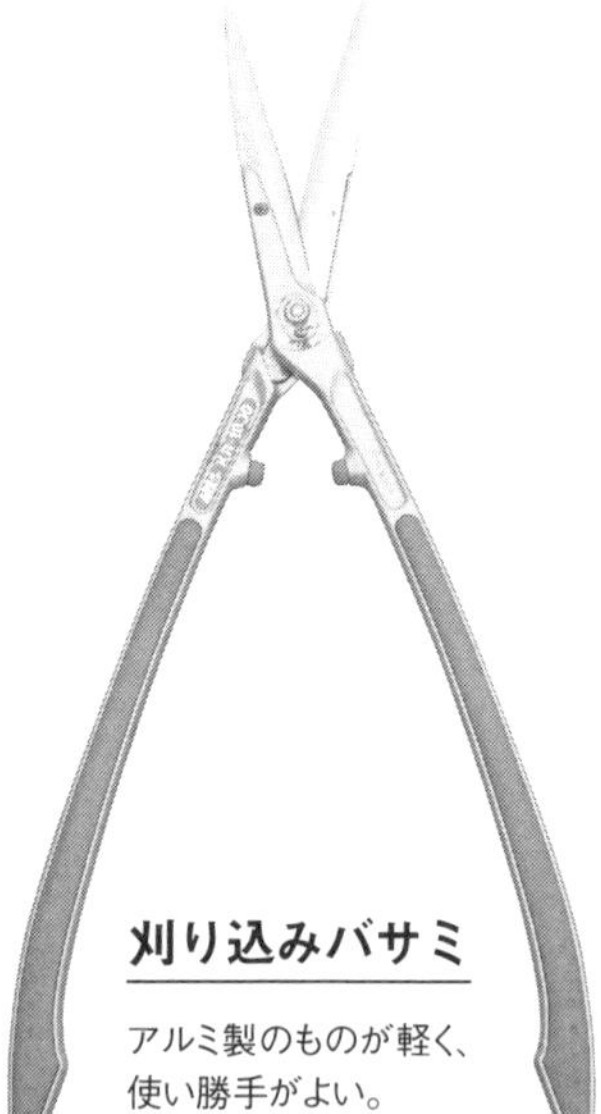

刈り込みバサミ

アルミ製のものが軽く、使い勝手がよい。

プラスチック製のテミ（箕《みの》）

落ち葉や雑草集めなど、多用途に活躍する。

大きさが手ごろで持ちやすく、株間でも扱いやすい

シャープナー

シャープナーが１本あると便利。たいていの刃が復活する。

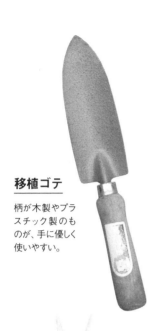

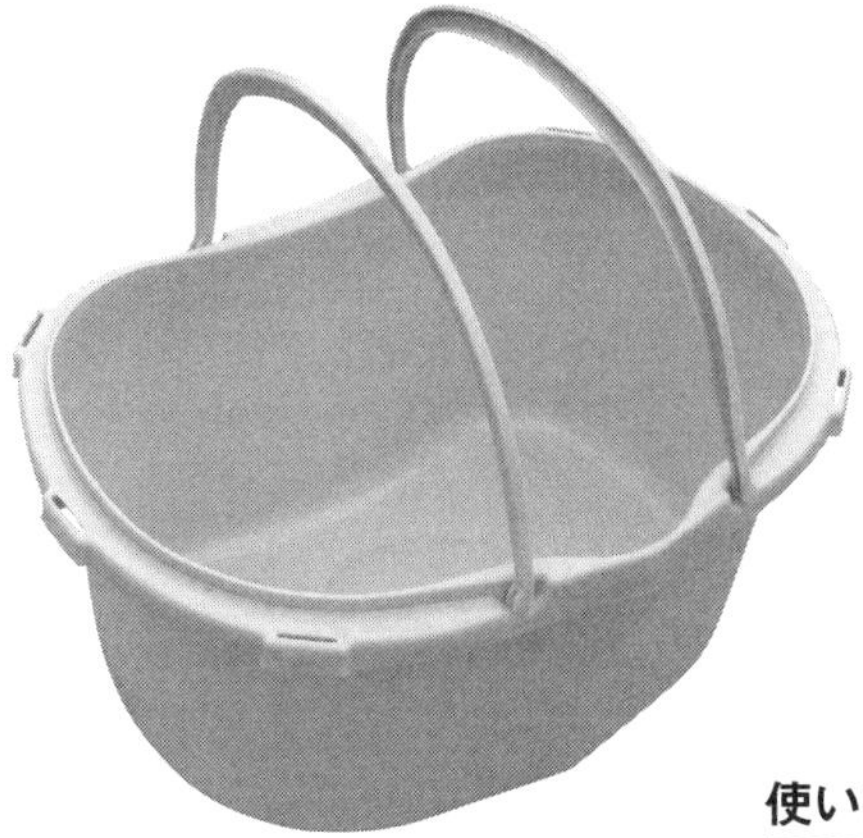

収穫おけ(バケツ)

農業用のバケツで、水量のメモリがついていたり、間口が広くて入れやすかったりと使い勝手がよい。

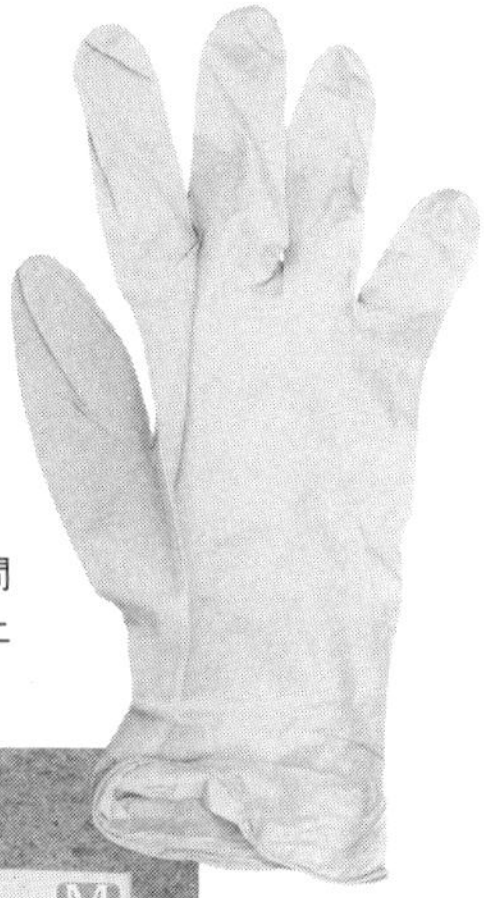

使い捨てのビニール手袋

水を通さないので手が汚れず、爪の間に泥が入らない。ビニール手袋の上に作業手袋をするとよい。

ゴミ袋

上部が縛れるものが、使い勝手がよい。

ブラシ

道具の泥落としや水洗いの時などに使用する。

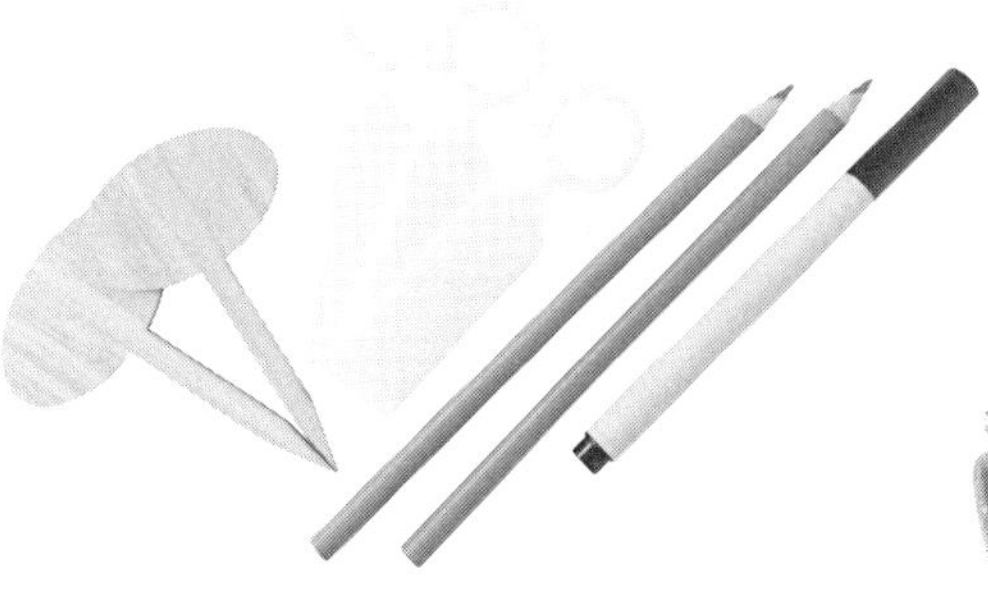

ラベルとペン

品種名の他、作業履歴を残せておける。

園芸道具の選び方・使い方「コツ」の科学　目次

Chapter 1

切る道具の選び方と使い方

Chapter 2

掘る・耕す道具の選び方と使い方

Chapter 3

まく道具の選び方と使い方

Chapter 4

あると便利な道具の選び方と使い方

Chapter 5

身につけるものや小物

Column

※本書で紹介している道具や資材は、2020年6月末日現在のものです。道具や資材は予告なく生産中止や品切れになることがあります。
※「達人のおすすめ」の商品は、アルファベットに対応した142〜143ページのオンラインショップやリアル店舗などで購入できます。ただし、生産中止や品切れの場合があります。

Chapter 1

切る道具の選び方と使い方

Q 切る道具にはどのようなものがありますか？

ここがコツ！

切る枝の太さ、切るものの種類などにより切る道具は異なります。正しく使い分けましょう。

◆**必要なものをそろえる**

「花を切るなんて、もったいなくてできない」と切る作業が苦手という方が多いようです。しかし、「花がら摘み」や「枝や茎の剪定」、「ひもを切る」など、園芸において「切る」はとても重要な作業です。まずは、用途に合った必要な刃物を手に入れるところから始めましょう。

用途ごとに適した刃物は異なり、兼用できることもありますが、異なる用途のもので作業をすると、まともに切れなかったり道具を傷めたりします。

ハサミには、園芸バサミ（クラフトバサミ）、剪定バサミ、太枝切りバサミ、刈り込みバサミ、高枝切りバサミなどがあり、さらに細かな作業別のハサミがあります。これらは**種類ごとに目的や用途が異なり、切れる枝の太さが異なる**ので、必要なものからそろえていきましょう。用途の広い園芸バサミは必需品で、他は育てる植物や目的によって選びます。

例えばバラ栽培をしたい場合は、園芸バサミでは太い枝が剪定できないので、剪定バサミも必要になります。生け垣をきれいにしたい場合は、刈り込みバサミ、もしくは動力のついた植木バリカンが必要かもしれません。

一般的に、普通の草花の園芸作業やひもを切るなどの作業をするには両刃の園芸バサミ、少し太い枝を切るには片刃の剪定バサミがあれば十分です。

太い枝を切る時は、枝の本数が多くなると太枝切りバサミが便利となり、枝の本数が少ない場合やさらに太い枝を切る場合は剪定ノコギリのほうが便利な場合があります。

達人の一言
右の写真のタイプの園芸バサミが、とても使いやすいです。

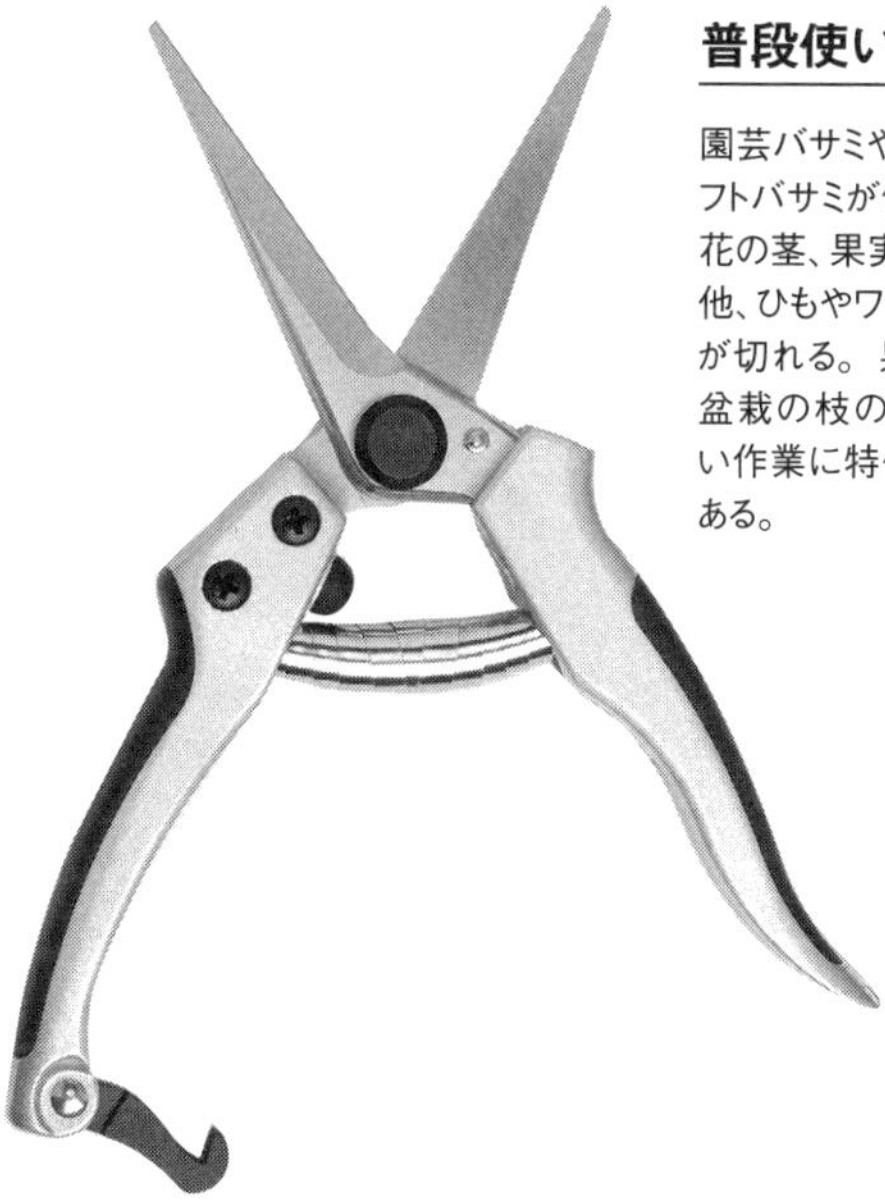

普段使いのハサミ

園芸バサミや園芸用のクラフトバサミが便利。枝や草花の茎、果実などの収穫の他、ひもやワイヤ、シートなどが切れる。果実の採取や盆栽の枝の整理など細かい作業に特化したハサミもある。

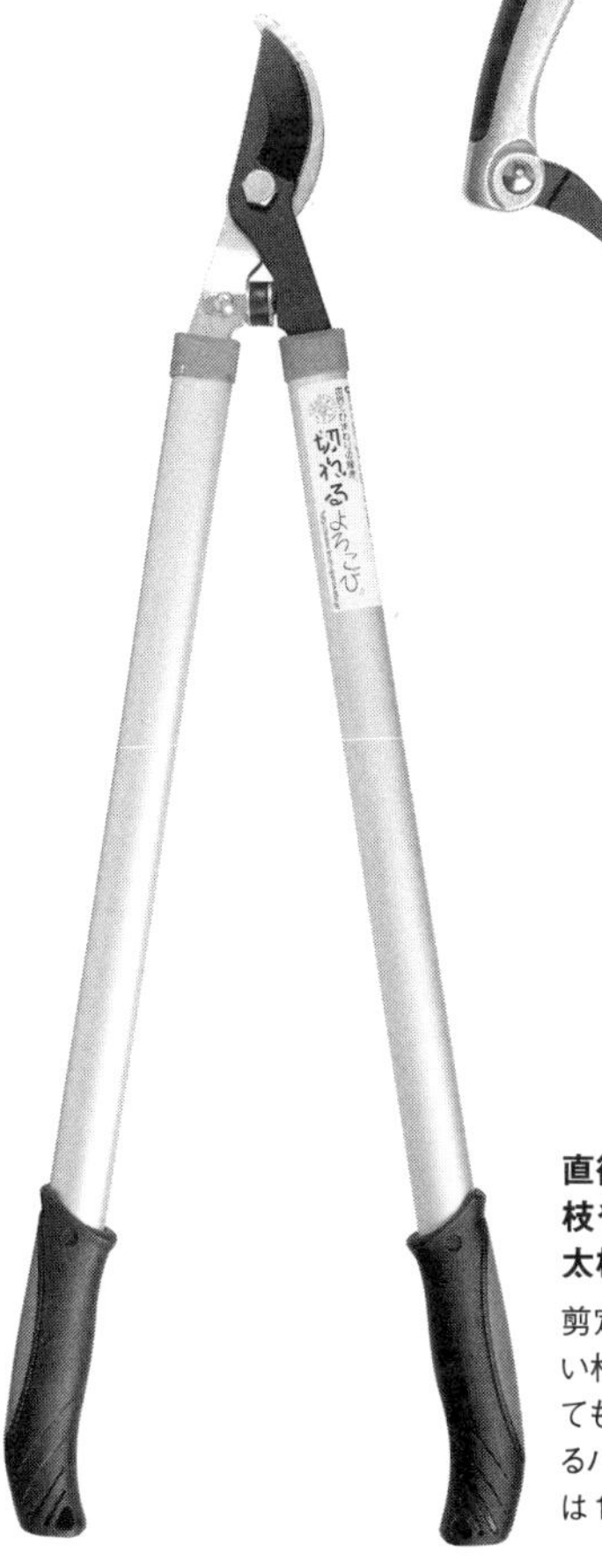

直径20mm程度まで枝を切る剪定バサミ

剪定バサミはバラや庭木、刈り込みバサミは生け垣などに使用することが多い。バラや庭木があれば、1本もっておきたいが、草花だけなら必要ない。

直径30mm程度まで枝や木を切る太枝切りバサミ

剪定バサミでは切りづらい太い枝がたくさんある場合は、とても便利。自分で庭木、つるバラなどの剪定をする場合は1本もっておきたい。

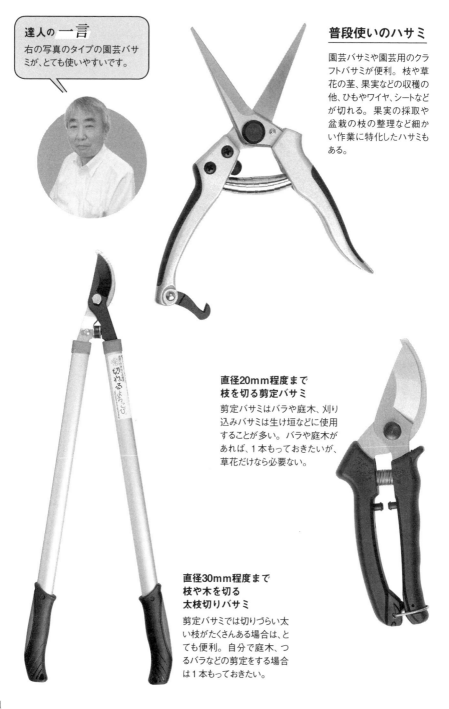

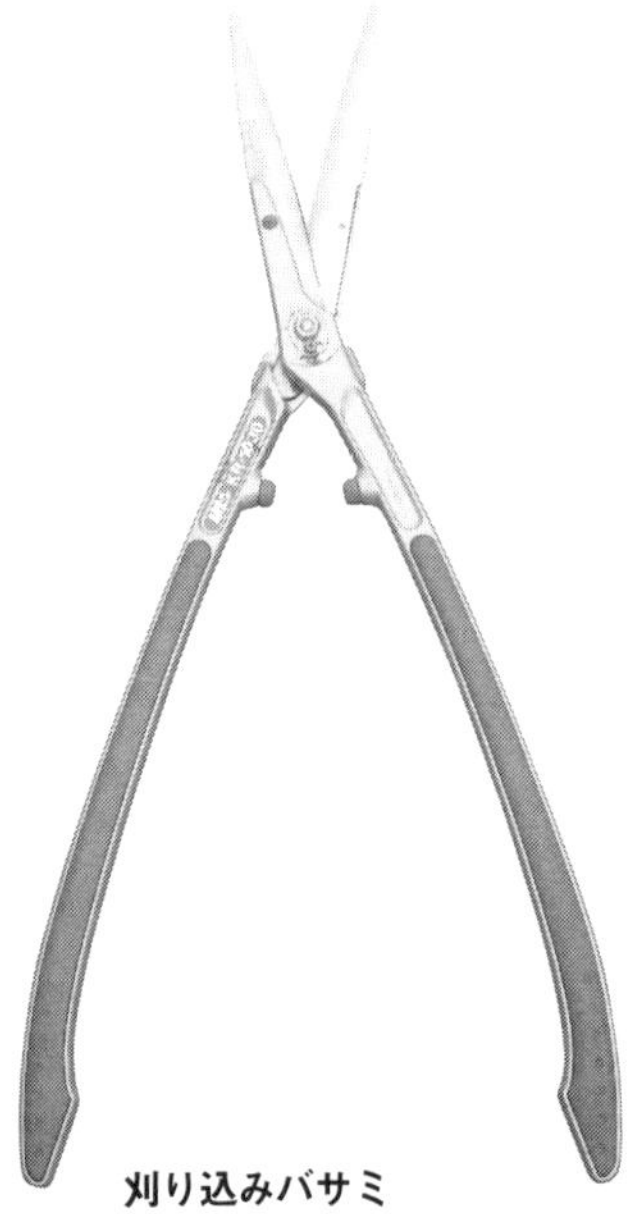

刈り込みバサミ

刃が薄く細かい作業に適している。生け垣などはこまめな剪定で美観を維持したい。

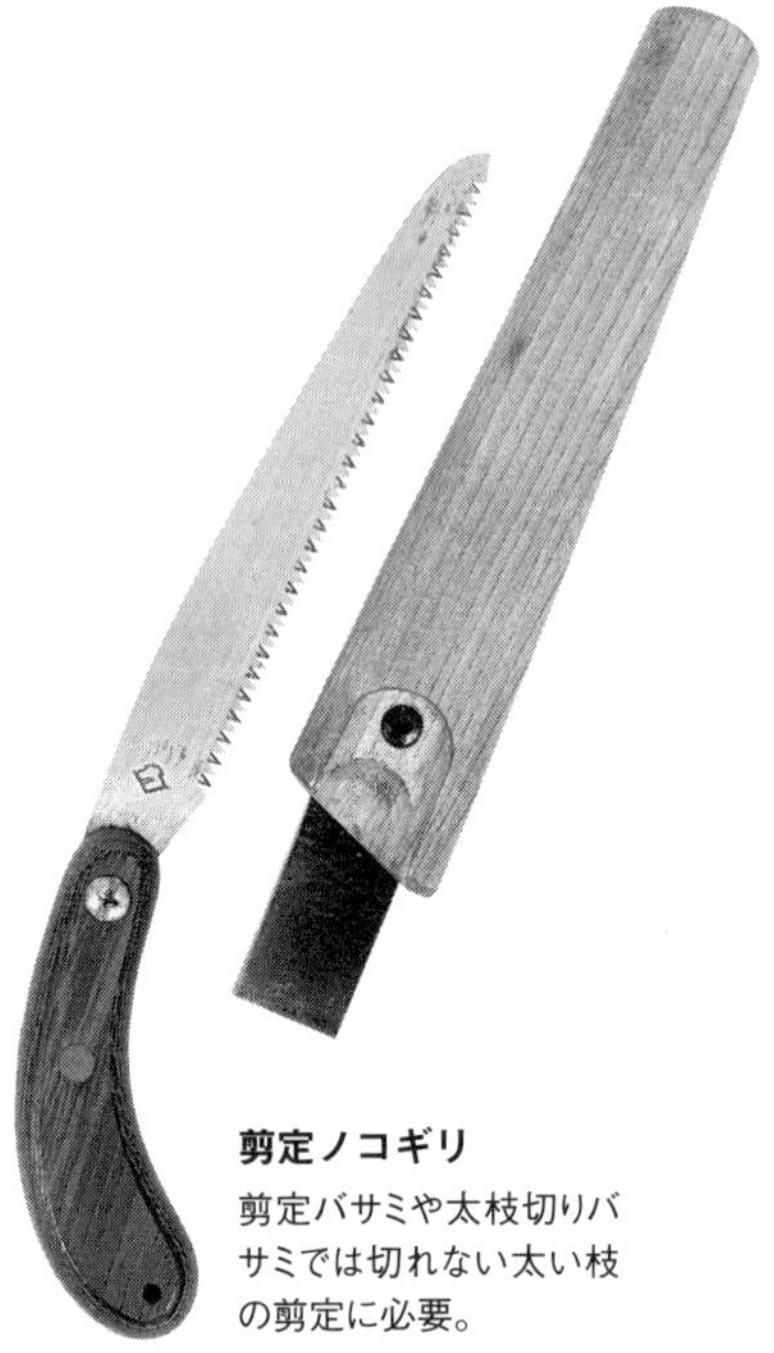

剪定ノコギリ

剪定バサミや太枝切りバサミでは切れない太い枝の剪定に必要。

また、果樹栽培の摘果など、細かく剪定したい場合は専用のハサミがあると便利です。

ハサミで切ることのできない太い枝は、剪定ノコギリで切ります。自分で庭木やバラの剪定をする場合は必要になります。

いずれにせよ、道具選びで大切なことは、**状況に応じた必要な道具を見極めることと、その道具を何年も使うのかどうかをよく考えてから購入することです。さらに、道具を入手したら、適切な手入れや保管場所が必要になります。**

剪定できる枝の太さの目安

刈り込みバサミ
…………… 直径2〜3mm程度まで

園芸バサミ（クラフトバサミ）
…………… 直径５mm程度まで

高枝切りバサミ
…………… 直径15mm程度まで

剪定バサミ
…………… 直径20mm程度まで

太枝切りバサミ
…………… 直径30mm程度まで

剪定ノコギリ
…………… 直径50mm程度まで
太い枝も切れるが、腕力が必要。

Q 切る作業で気をつけることはありますか?

ここがコツ!

作業に適した刃物で、スパッと思い切りよく切ります。

◆よいハサミを使うと、植物もうれしい

切り傷は治りが早くて傷が残りませんが、すり傷はいつまでもジクジク痛みます。

植物も一緒です。**切り口が鋭利で小さいほど、ダメージが小さくなります。**切る作業で大切な5つのことは、**①作業に合った刃物を使う、②清潔で切れ味がよい製品を使う、③正しい位置でスパッと切る、④誤って他のところを切らないように刃先を植物の外側に向けて切る、⑤使った後は必ず汚れを落とし、安全に保管する、**ことです。

神経質になりすぎることはありませんが、まれに病原菌に侵された植物を剪定し、**病原菌が刃についたまま他の植物を剪定することで、病原菌をまき散らすことがあります。**刃を清潔にしておくことも大切です。

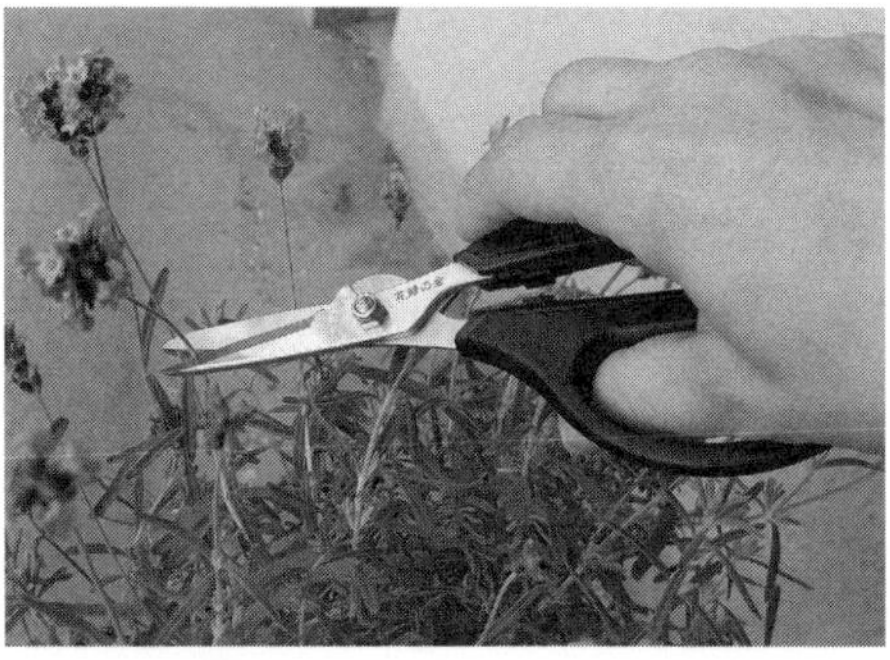

クラフトバサミは草花の茎などに向く。刃先を外側に向ける。

剪定バサミも刃先を外側に向けて切る。

Q ハサミの種類が多すぎます。どれを買ったらよいのかわかりません。

ここがコツ！

最初の1本は、園芸バサミ（クラフトバサミ）がよいでしょう。

◆用途が幅広く、愛用者が多い

園芸バサミの仲間には、植木屋さんが使う植木バサミの他、クラフトバサミ、工作用バサミ、万能バサミなどといわれるものがあり、多くは両刃で刃先がまっすぐでとがったものが多く、繊細な切り込みができます。細い刃先に熱処理やメッキ加工を施すことで硬い表面をつくっており、軽くてよく切れ、使いやすいという特徴があります。

園芸では小枝（直径5㎜程度まで）を切る、茎を切るといった繊細な作業から結束用のひもなどやわらかいものを切る作業に適します。クラフトバサミは工作、料理、手芸などにも幅広く使え、フラワーデザインでは針金、リボン、ペーパーを切ることなどにも使用できます。他にも、より細かい作業に適した花切りバサミ、摘果バサミ、小型の芽切りバサミなどがあります。

◆選び方のポイント

最初の1本なら、**汎用性の高い園芸用のクラフトバサミで、軽くて手になじむものを選びましょう。**メーカーによって柄（ハンドル部分）の形状や素材が異なります。100円ショップの商品は壊れやすくさびやすいものが多く、おすすめできません。

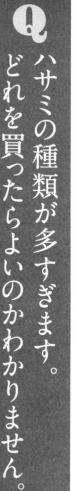

◆手入れと保管

多くの普及品は、プレス加工でハサミの形に打ち抜き、刃の部分を加工しプラスチックなどのハンドルをつけているため、強い力が加わると変形をしてカシメ（ハサミの支点）がゆるみやすくなります。

また、**刃は表面処理でつくっているので本格的には研げません。ただ、シャープナーなどで刃先を多少復活させることはできます。カシメがゆるんだり刃先が復活しなくな**

ったら、新しいハサミに買い替えましょう。

使い終わったら乾いた布で拭って汚れや脂を落とし、シリコンスプレーをまんべんなく吹きかけて水気のないところで保管します。

園芸バサミ（クラフトバサミ）

左利き用もある。

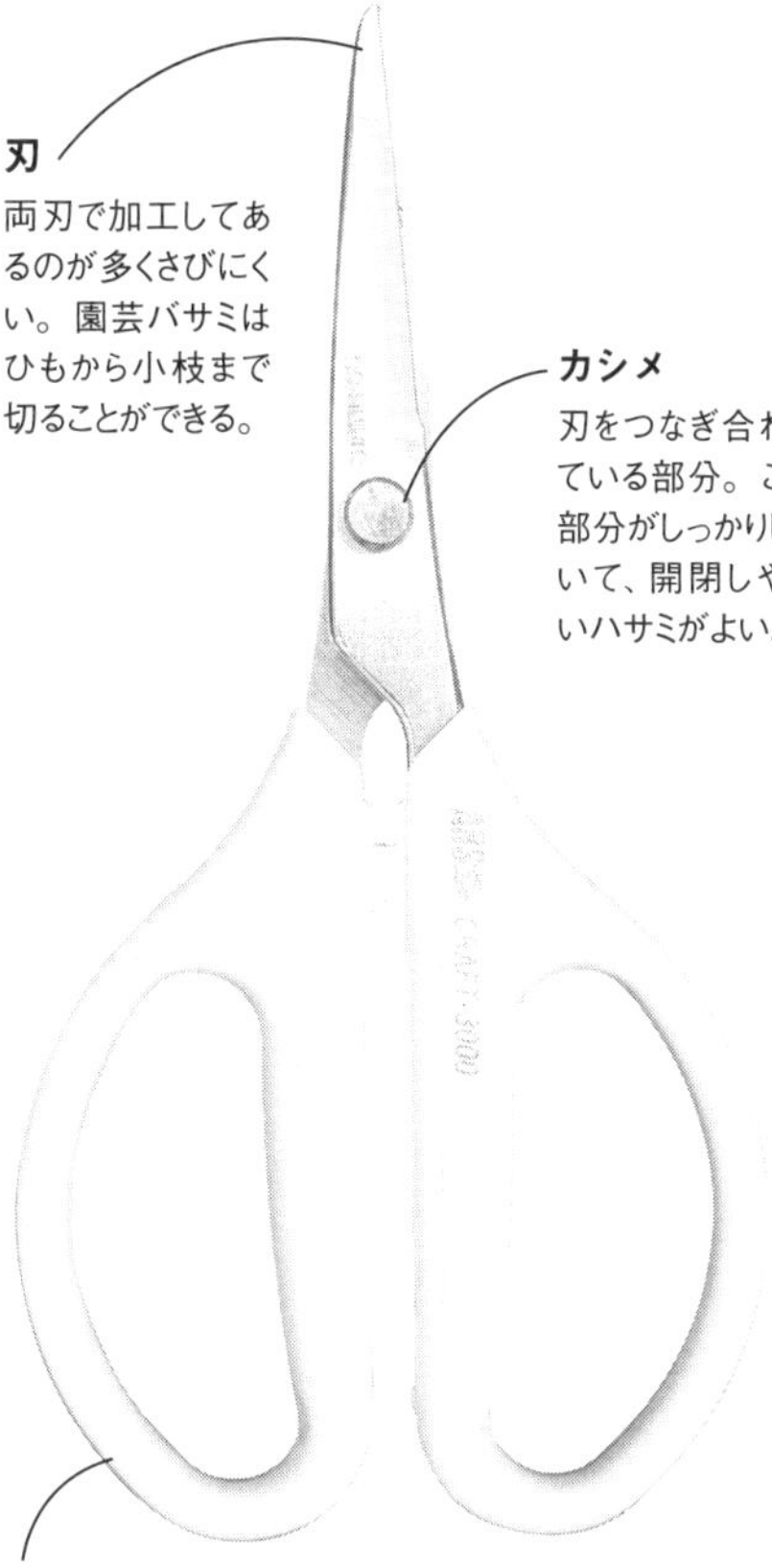

刃
両刃で加工してあるのが多くさびにくい。園芸バサミはひもから小枝まで切ることができる。

カシメ
刃をつなぎ合わせている部分。この部分がしっかりしていて、開閉しやすいハサミがよい。

ハンドル（握り）
プラスチックなどでコーティングされているものが多い。

達人のおすすめ

クラフトチョキ
（アルスコーポレーション）B

達人の一言
最初の1本はクラフトバサミで十分！　太い枝以外、どんな状況でも活躍します。

Q 剪定バサミはどんなものを選ぶとよいですか？

ここがコツ！

手になじむ大きさで、軽めのものを選びましょう。

◆剪定バサミと園芸バサミを使い分ける

剪定バサミは「プルーナー」ともいい、元々はヨーロッパでブドウの枝を切るために用いられていました。庭木や花木、果樹の枝を切ることに特化しており、**園芸バサミよりも太い枝（直径20㎜程度まで）が切れます。ただし、ひもなどやわらかいものを切るのは苦手です。園芸バサミと使い分けしましょう。**

庭木やバラの手入れ時の使用頻度が高く、1回の作業で何度も枝を切ることがあるので、手の大きさに合った軽めのものがよいでしょう。多くの剪定バサミは大きさが選べ、メーカーによっては女性向けや左利き用のものもあります。

刃先で細い枝を、刃の元で太めの枝を切ります。切り刃側の切り口の断面がきれいになるので、残す枝の断面をきれいにすると雑菌などが入りにくくなり、剪定後の成長がよくなります。

乱暴な使い方をしても壊れにくい丈夫なハサミです。ただし、安価な粗悪品は切断時に変形やカシメがゆるむことがあります。未使用時は必ずストッパーをかけておきます。なお、プロは一度に多くの枝の剪定を行うため、常に簡単な砥石で研ぎながら使用しています。

◆種類と選び方のポイント

剪定バサミは構造の違いにより3種類に分けられ、切り刃と受け刃が交差して枝を切るバイパスタイプ、包丁のように片刃が動いて枝を押し切るアンビルタイプ、テコの原

バイパスタイプの剪定バサミ

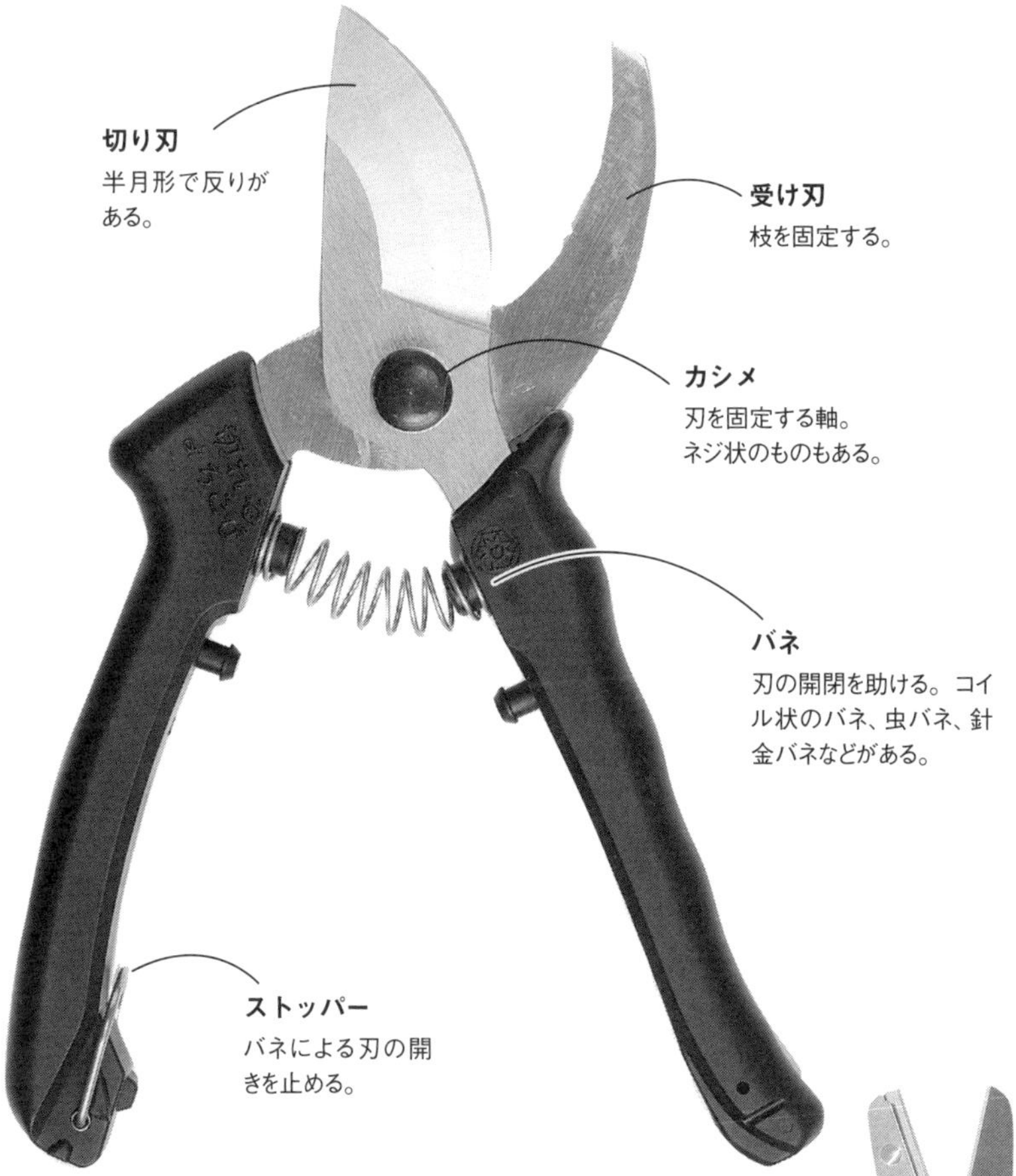
切り刃
半月形で反りがある。
受け刃
枝を固定する。
カシメ
刃を固定する軸。ネジ状のものもある。
バネ
刃の開閉を助ける。コイル状のバネ、虫バネ、針金バネなどがある。
ストッパー
バネによる刃の開きを止める。

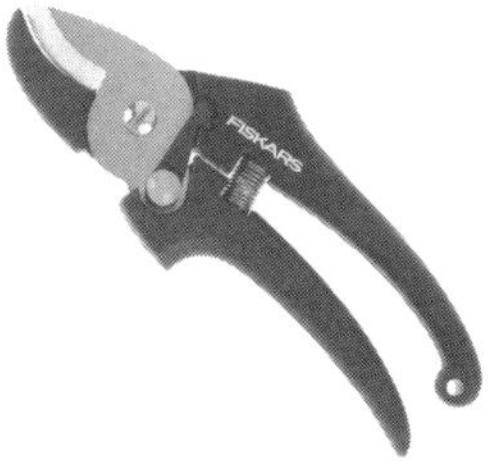
FISKARS

ラチェットタイプの剪定バサミ

剪定バサミで切る時は、受け刃を下にする。

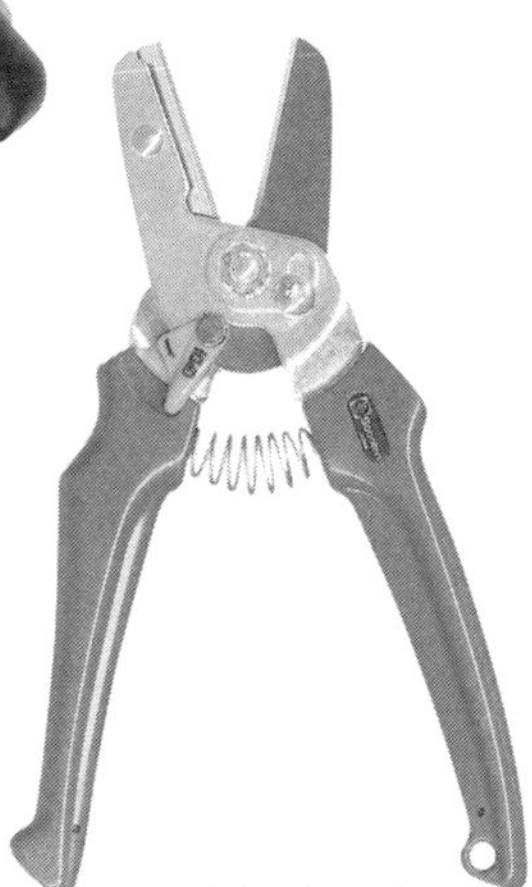

アンビルタイプの剪定バサミ

理を利用してハンドルを数回動かして切るラチェットタイプがあります。一般に流通しているのは、バイパスタイプです。

バイパスタイプは、切り口がきれいになります。アンビルタイプは、弱い力で切れ、切り口がきれいでバイパスタイプよりも太い枝（直径15㎜程度まで）が切れます。ラチェットタイプはさらに太い枝（直径20㎜程度まで）が他のタイプの剪定バサミの1／3ほどの力で切れます。

ただし、アンビルタイプは切り刃と受け刃の合わせが微妙で樹木の皮が切れ残ったり受け刃部分がつぶれたりすることがあります。ラチェットタイプは1本の枝を切るのに何度か切る動作を繰り返さなければならず、煩雑な面があります。

細かい剪定作業を数多くする場合はバイパスタイプ、多少太い枝も切ることがある場合はアンビルタイプを選ぶとよいでしょう。いずれの場合も強い力をかけ長い時間使うことが多い道具なので、丈夫なことが大切です。家庭用では長さ18㎝、重さ180gが標準ですが、できるだけ手に合った大きさで、手になじむ軽めのものがよいでしょう。安価な粗悪品は避けてください。

なお、商品説明にバイパスタイプかアンビルタイプか書かれていないことがあります。一般的にはどちらでもそれほど変わりませんが、作業目的がはっきりしているなら、確認してから購入しましょう。

◆手入れと保管

製造方法に鍛造（金属をたたいて鋼をつくる方法）と、プレス加工して打ち抜くものがあります。刃の部分はテフロン樹脂の焼きつけやメッキ加工などで切りやすくしています。

鍛造のものは製造元で研いでもらうとよいでしょう。その他のものはある程度自分で研いで切れなくなったら新品を購入します。

使用後は乾いた布で汚れを落とし、シリコンスプレーをまんべんなく吹きかけて、布で全体にしみこませ、余分な油は拭き取ります。

達人の一言

鍛造している剪定バサミは、切れにくくなってきたら、プロに研いでもらいましょう。

達人のおすすめ

阿武隈川安郎 剪定鋏（柴田園芸刃物）Ⓐ

Q 盆栽を始めました。専用のハサミを買うべきでしょうか?

ここがコツ!

普通の植木バサミで十分です。

◆植木バサミは種類が豊富。切る音も味わえる

プロ、アマを問わないとしたら、園芸でいちばん使用頻度が高い道具は、植木バサミです。細い枝や草花の茎、芽先や葉などを切る時に活躍します。「木バサミ」、「大久保バサミ」ともいわれます。植木バサミの歴史は古く、江戸時代以前より、植木職人が用途に応じた使いやすいハサミをハサミ職人に依頼することで、改良されてきました。

植木バサミには、形状や使用する植物の仕立て方によりたくさんの種類があります。通常の植木バサミの他、クラフトバサミも植木バサミの一種で、長刃植木バサミ、盆栽バサミ、長柄盆栽バサミ、枝透かしバサミ、小枝切りバサミ、サツキバサミ、又枝切りバサミ、針金切りバサミ、根切りバサミ、こぶ切りバサミ、葉切りバサミなど、どれも目的に合った形状をしています。いけばなで使用する花バサミ（池坊型や古流型などがある）も植木バサミから発展したものです。

一般的には、細い枝やひも、ビニールなどを切ることができる万能な園芸用のハサミが便利です。盆栽では普通の植木バサミで十分です。ただし、植木バサミは直径5㎜程度以上の枝の剪定には適していません。剪定は、剪定バサミを使用しましょう。

◆種類と選び方のポイント

使用目的に合わせた製品を選び、**手の力と大きさに合わせることが大切です。店頭ではパッケージされていますが、できれば握らせてもらい、大きさや重さを確認してから購**

入しましょう。細かい作業をするようになると、目的別にだんだんと増えていく道具の1つです。

◆手入れと保管

使用後は乾いた布で汚れを拭き取り、シリコンスプレーをかけておきます。切れなくなったら、普及品はシャープナーなどで刃先を復活させますが、復活しにくくなったら買い替えます。全体が鋼でできている製品は、製造元か専門の研ぎ師に研いでもらいます。

植木バサミ（木バサミ）

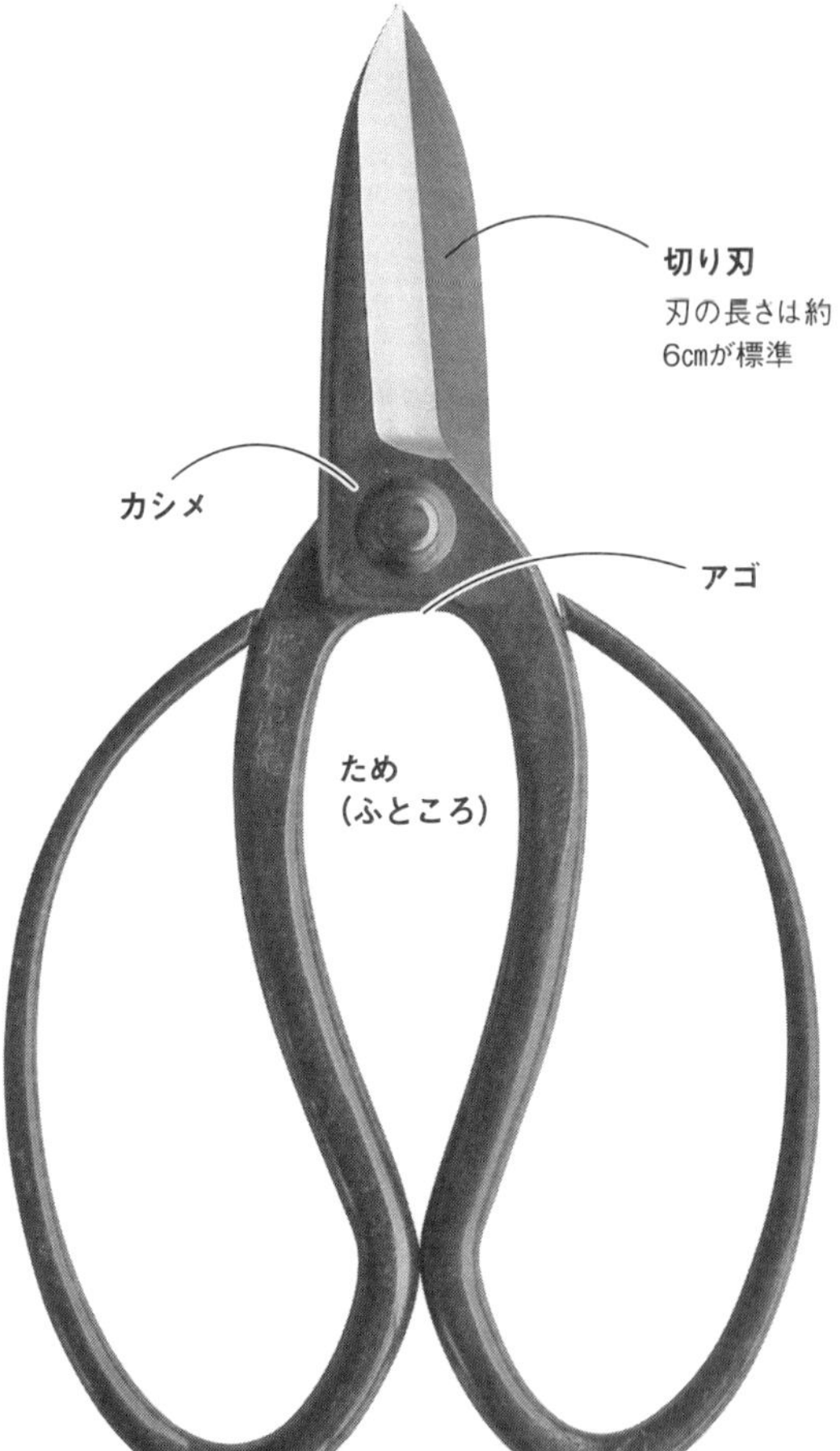

達人のおすすめ

定信　植木鋏（柴田園芸刃物）Ａ

Column

枝を切る音が好きだった殿様

植木バサミの別名を「大久保バサミ」といいます。江戸時代、江戸の神田駿河台に屋敷を拝領していた大久保のお殿様が、枝を切る「パチン、パチン」という音を好んでいました。そこで出入りの植木屋が気を利かし、大ぶりの植木バサミで大きな音を出して作業をしたという逸話があります。

Q 直径30㎜くらいの太い枝を楽に切る方法はありますか？

ここがコツ！

太枝切りバサミなら、剪定ノコギリより太い枝が楽に切れます。

また、両手がふさがるので、特に高所での剪定では、注意が必要です。足場の安全を十分に確保してから行いましょう。

◆種類と選び方のポイント

剪定バサミと同じように、2枚の刃が交差するバイパスタイプと片刃で切るアンビルタイプがあります。さらにラチェット機構を採用し、力があまりなくても太い枝を切りやすくしたラチェットタイプがあります。**丈夫なのは構造上、アンビルタイプです。**

柄が長く力をかけて作業をするので、柄に当たり止めがあるか、指をはさまない構造になっているものがよいでしょう。

◆**太枝切りバサミがあれば、剪定ノコギリは不要？**

太枝切りバサミは剪定バサミの一種で、剪定バサミの刃の部分を大きく頑丈につくり、刈り込みバサミのような長い柄をつけたものです。**テコの原理で直径20～30㎜の枝が気持ちよく切れます。剪定ノコギリより使いやすく、太い枝をたくさん切ったり高い位置の枝を切ったりする場合には、とても重宝します。**

さらに、樹形を整える時にも大変役に立ちます。

枝を切る時は、ハンドルをしっかり握り、柄をできるだけ長く使って力を刃先に集中させます。柄が長いため、切りにくい時に強くねじって切りがちですが、刃の部分にとても大きな力がかかるので、一度に切ろうとせず、何回かに分けて切ると安全に作業できます。

切る
掘る
まく
便利
身につける
歴史

◆手入れと保管

使用後は乾いた布で汚れを落とし、シリコンスプレーなどをかけ布でまんべんなくすり込みます。切れなくなったらシャープナーなどで刃先を研ぎます。

太枝切りバサミ

バイパスタイプ

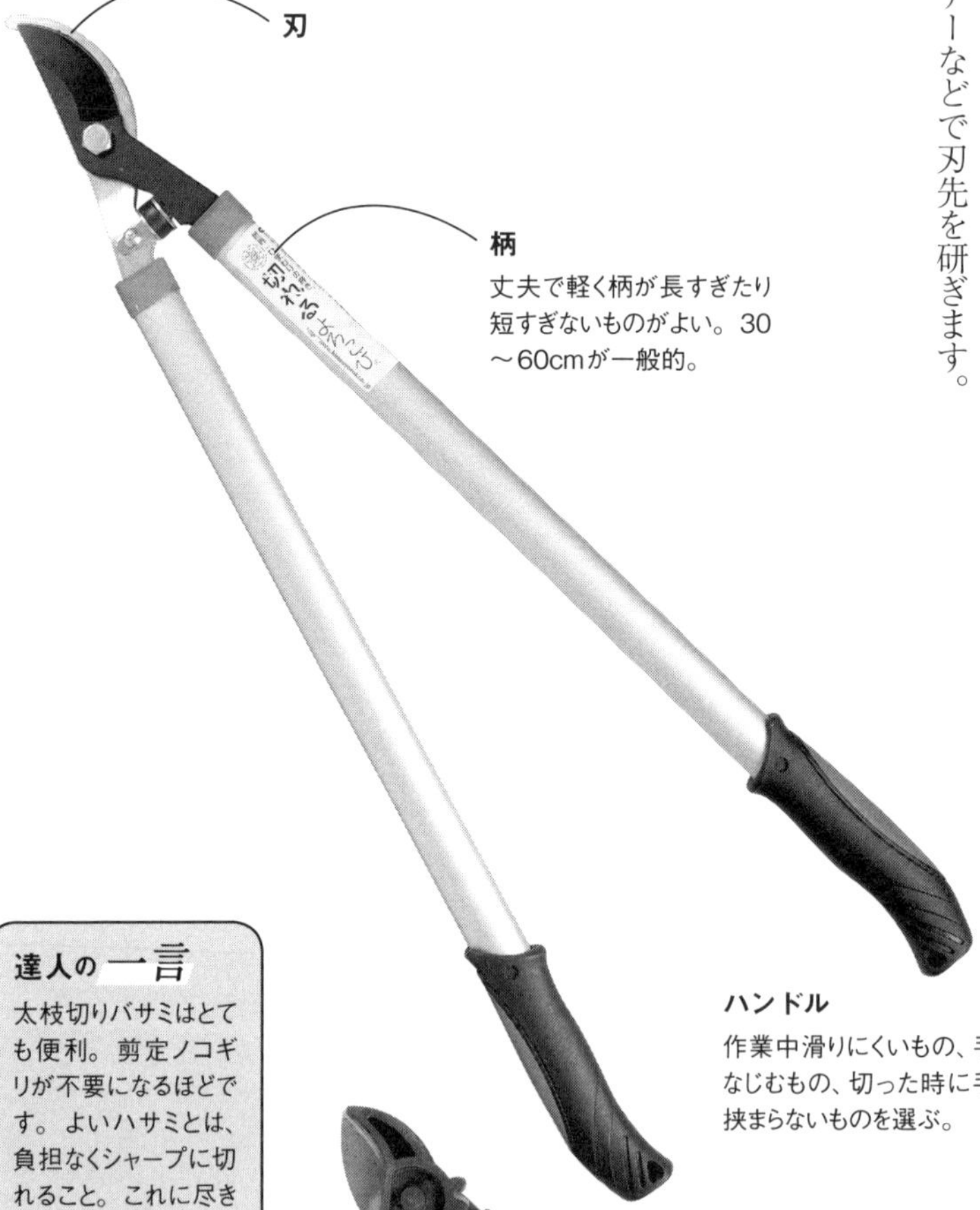

刃

柄

丈夫で軽く柄が長すぎたり短すぎないものがよい。30〜60cmが一般的。

ハンドル

作業中滑りにくいもの、手になじむもの、切った時に手が挟まらないものを選ぶ。

ラチェットタイプ

ラチェット機構で1/3ほどの力で枝を切ることができるが、1本の枝を切るのに数回切る作業が必要。

達人の一言

太枝切りバサミはとても便利。剪定ノコギリが不要になるほどです。よいハサミとは、負担なくシャープに切れること。これに尽きます。

Q 高枝切りバサミを購入しようと思います。アドバイスはありますか?

ここがコツ!

高枝切りバサミとして売られているものの多くは、高枝採取バサミです。製品選びに気をつけましょう。

前者の**高枝切りバサミ**は剪定バサミの一種で、明治時代に輸入された園芸道具がもとになっています。**ある程度太い枝(直径20㎜程度まで)が切れますが、重量があるため長時間の作業はむずかしいでしょう。**

一方、**高枝採取バサミは**比較的軽く両手で使えるので取り回しがよいのですが、**切る枝を固定できないので、太い枝は切れません(切れるのは直径5㎜程度まで)**。高枝採取バサミでは、カキなど果実の採取や細い枝の剪定用と割り切ったほうがよいでしょう。

いずれにしろ、枝や果実の落下や道具が人に当たらないように気をつけます。

プロは、高所の剪定には高枝切りバサミをあまり使わず、脚立に上って作業します。高枝切りバサミは操作がむずか**しいのです。**

◆**扱いが意外とむずかしい。周囲に注意する**

テレビ通販でおなじみの高枝切りバサミは、地上にいながら高所の枝が切れ便利そうですが、**実際には長い柄の先に重いハサミがついているので、意外と扱いがむずかしいのです。**

高枝切りバサミとして流通している製品には大きく分けて2つあります。取っ手の先端の受け刃を枝に引っ掛けて切り、刃についたロープを引いて切るタイプ(36ページ参照)と、ハンドルを握るとハサミの刃が動いて枝を切るタイプです。前者が本来の高枝切りバサミで、後者は切り取った果実や枝を挟む機能をもつことが多い「高枝採取バサミ」です。この高枝採取バサミが、「高枝切りバサミ」として流通していることが多いようです。

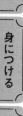

高い枝を切る時は、周囲の安全を確かめ、1本の枝を小分けに切るとよい。

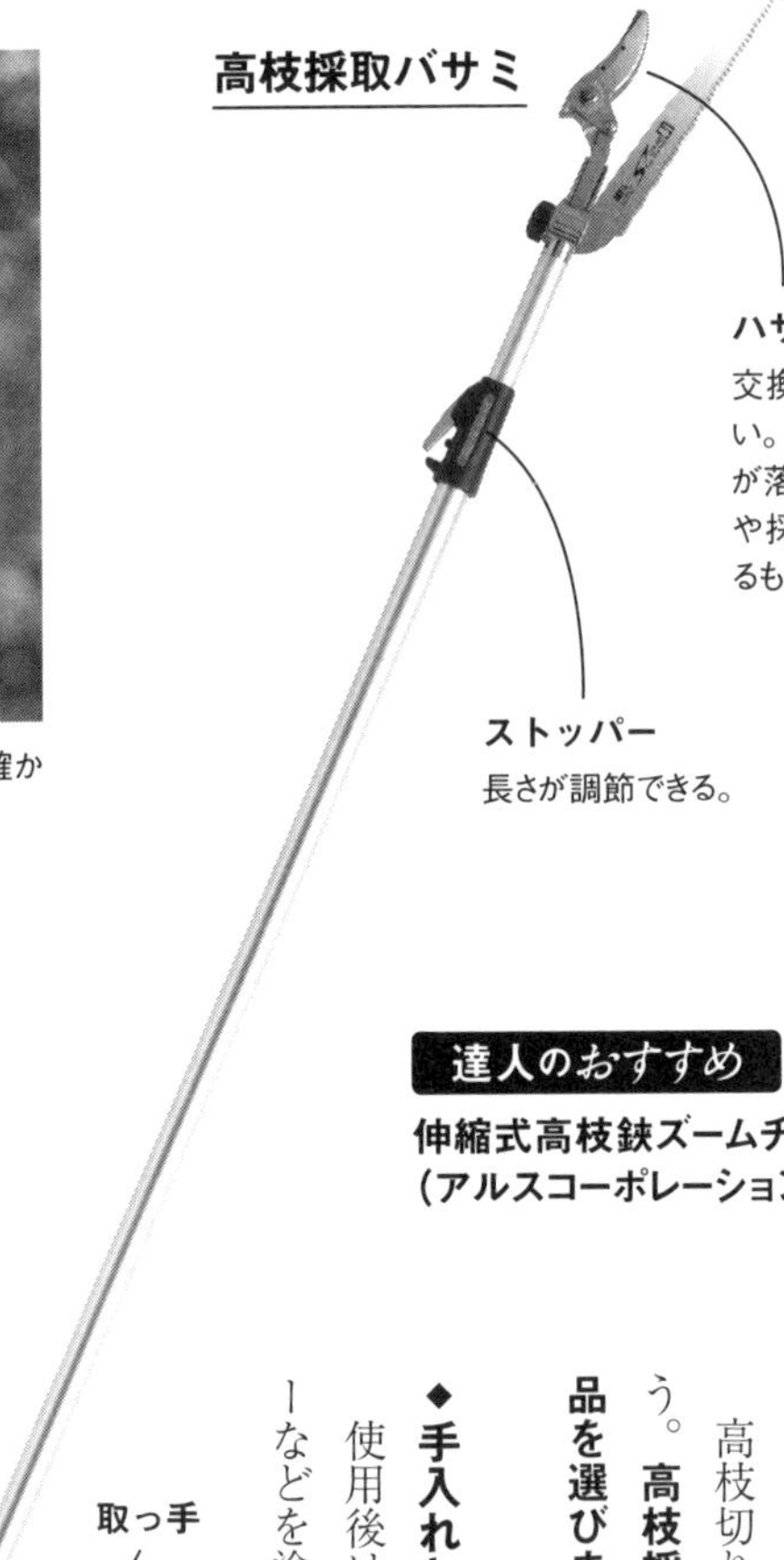
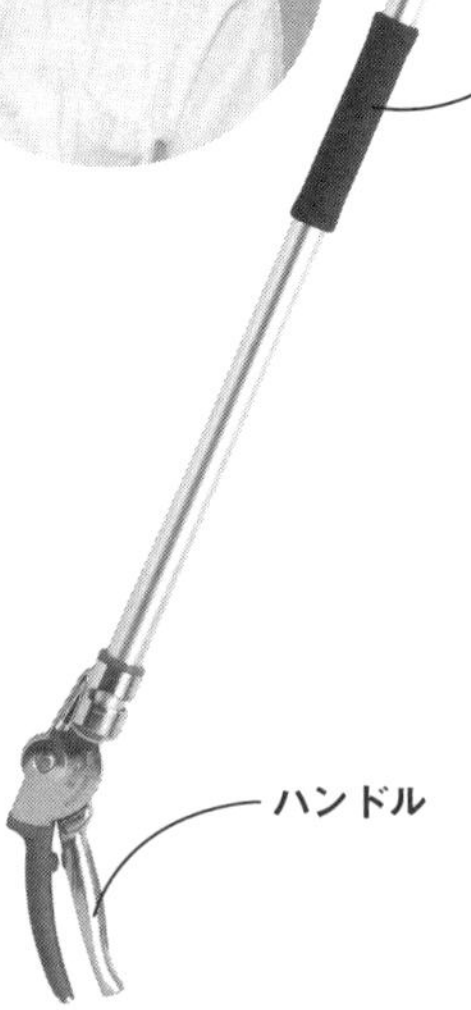
ハサミ
交換できるタイプが多い。切った枝や果実が落ちない、枝つかみや採取袋がついているものもある。

達人の一言

帽子や手袋を着用し、身の安全を確保しましょう。

達人のおすすめ

伸縮式高枝鋏ズームチョキチルトR（アルスコーポレーション）B

しく思うように切れないからです。高所の剪定は専門業者にまかせるのが、よいかもしれません。

◆選び方のポイント

高枝切りバサミは柄のしっかりとしたものがよいでしょう。**高枝採取バサミは必要な長さで軽く取り回しのよい製品を選びます。長すぎるとかえって使いづらくなります。**

◆手入れと保管

使用後は乾いた布などで汚れを落とし、シリコンスプレーなどを塗布しておきます。

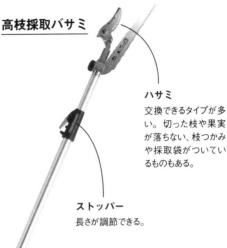

Q 高枝切りバサミのノコギリで、高い場所の枝がうまく切れません。

ここがコツ!

目の細かいノコギリがついた製品を使いましょう。

◆ノコギリの目と切り方が重要

高枝切りバサミや高枝採取バサミは、一定以上の太さの枝の剪定が苦手です。そのため、多くの製品にアタッチメントのノコギリがついています。

それらのノコギリは、枝に食い込みやすく見える弓形で、太い枝が簡単に切れるような鋭く大きな刃をつけています。

しかし実際に使用してみると、高枝切りバサミ自体が重く、また枝が揺れるので、上下にノコギリを動かして枝を切るのは至難の業です。また、生木に刃が食い込んでしまい、強く引っ張ると枝の根元から折れて皮が切れずに、切った枝がぶら下がった状態になってしまうことがあります。

まず、ノコギリの向きを逆にして、切る枝の下部に切り込みを入れます。そうすると自重で枝が動きにくくなります。次に下部につけた切り込みより幹に近いところを一気に切ります。切断中、自重で枝が折れても皮が残らずに切ることができます。

◆選び方のポイント

生木を切るノコギリは、樹木の繊維を切る必要があるため、刃の目が細かくなくてはいけません。したがって、**目の細かいノコギリが付属されているものを選ぶことが大切です。**

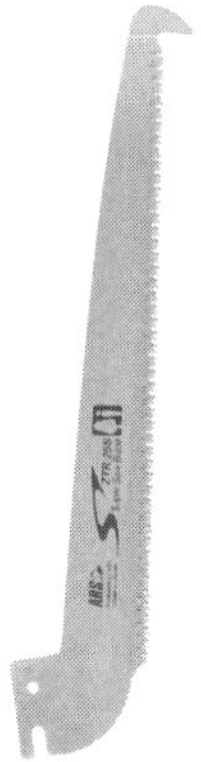

高枝切りバサミのアタッチメントのノコギリ

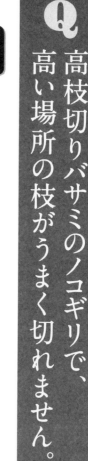

Q 高い枝を電動で切るバリカンがあると聞きました。

ここがコツ！

高枝電動バリカンは、素人にはおすすめできません。

◆購入は慎重に

自分で高所の枝が自在に切れたら便利なので、高枝用の電動バリカンの購入を考えている方が多いと思います。充電式のコードレスタイプも登場し、値段も手ごろで身近になっています。

高いところに手が届き、力を使わなくても枝がどんどん切れるイメージがあるので便利に思えますが、長い棒の先に電動バリカンがついているという構造になるので、**長時間支えるには力がいります。ましてや枝のように揺れるものを切るには、かなりの熟練も必要です。**

さらに、切った枝などの落下だけでなく、柄の先の電動バリカンはコントロールしにくく事故も報告されています。**購入は慎重に行いましょう。作業には注意が必要です。**

Column

太い枝が切れる高枝切りバサミ

昔からあるロープ式の高枝切りバサミは、高枝採取バサミより太い枝が切れます。直径20mm程度までの枝払いに便利です。

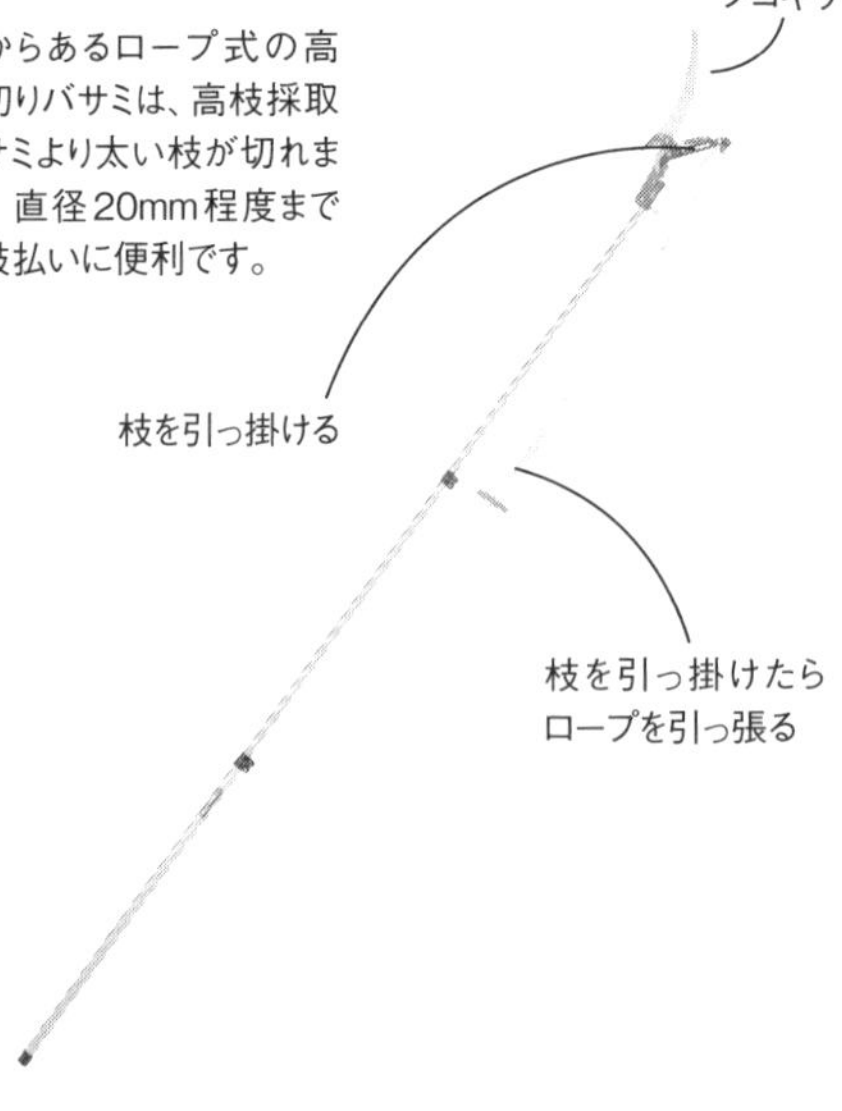

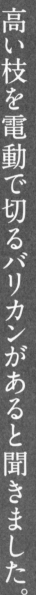

Q 刈り込みバサミで庭木の枝を剪定したら、使えなくなってしまいました。

ここがコツ!

刈り込みバサミは刃が薄いので、生け垣や花壇のヘッジなどの葉や小枝を切る作業に適しています。

◆枝ではなく葉を切るハサミ

刈り込みバサミは主に植木や生け垣、トピアリーなどの葉や小枝を刈り込むために改良されてきた刃の薄いハサミです。柄が長く強い力がいりますが、刃先が薄いので、太い枝を切ると刃こぼれして使えなくなります。生け垣だけでなく、花壇のヘッジ（縁）の手入れにも便利です。

生け垣は定期的に剪定しないと、枝が伸びすぎて見た目が悪くなるだけではなく、病害虫が発生しやすくなったりします。特にツゲのように葉や枝が細かい植物を整えるには、刈り込みバサミの出番です。なお、芝刈りには芝刈り用の刈り込みバサミがあり、刈り込む面積が広い場合は植木用の電動バリカンが便利です。

◆種類と選び方のポイント

刈り込みバサミは柄の中間部を持って葉を刈るハサミです。**細かい作業を長時間行うので、持った時のバランスがよいものを選ぶとよいでしょう。**

柄の素材には木製、スチールパイプ、アルミパイプがあります。木製は手になじみやすく、**アルミパイプは軽くておすすめです。**高い場所の刈り込みを行うため、60㎝ほどの長い柄をつけたタイプや、柄の長さを調整できるものもあります。

◆手入れと保管

使用後は汚れを水洗いして乾いた布で拭き、シリコンスプレーを吹きかけておきましょう。

植木用刈り込みバサミ

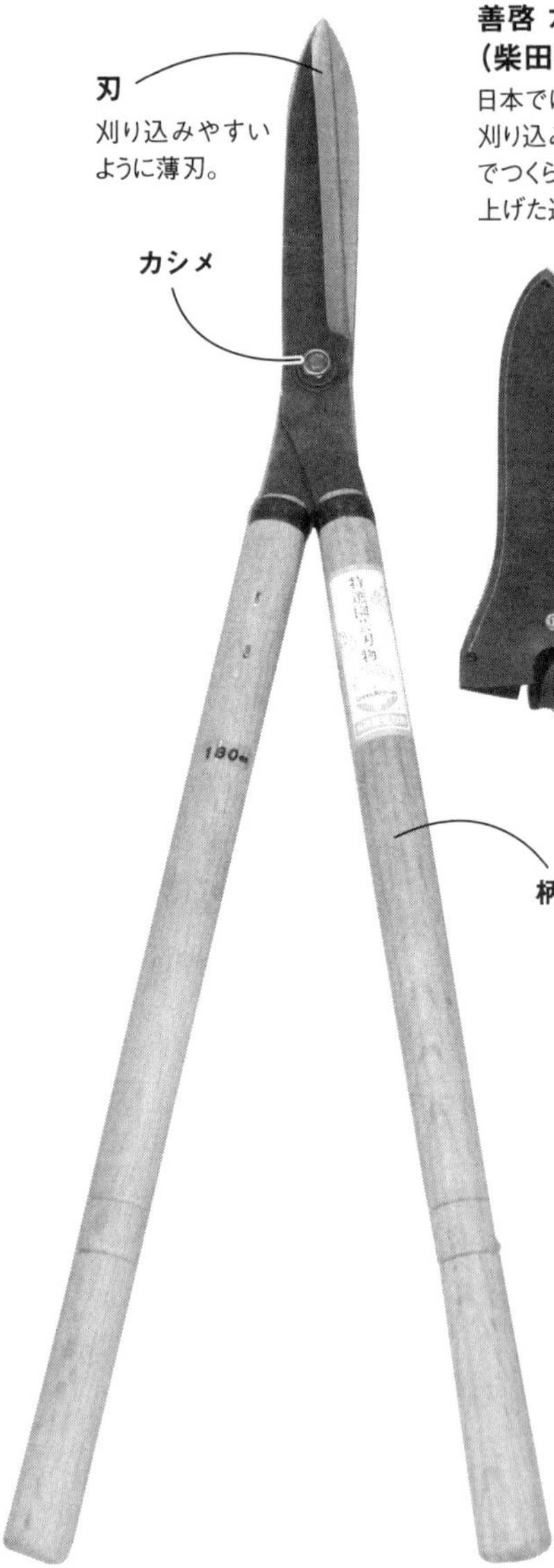

達人のおすすめ

善啓 本鍛造刈込鋏（柴田園芸刃物）A

日本ではじめて製造された刈り込みバサミと同じ基準でつくられ、職人の手で仕上げた逸品。

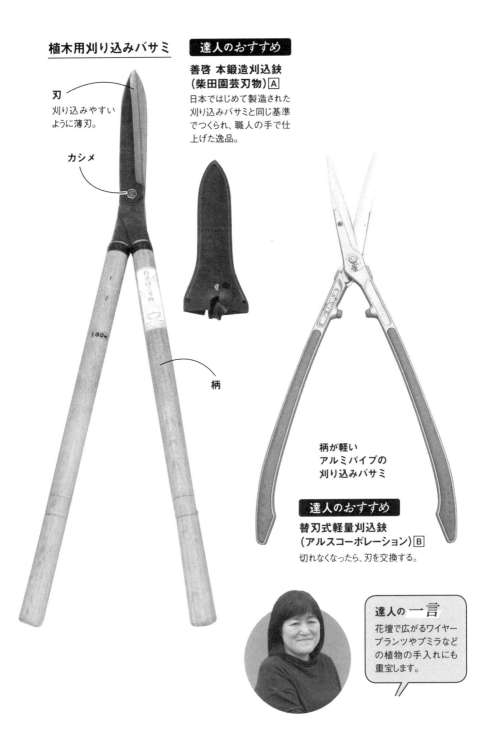

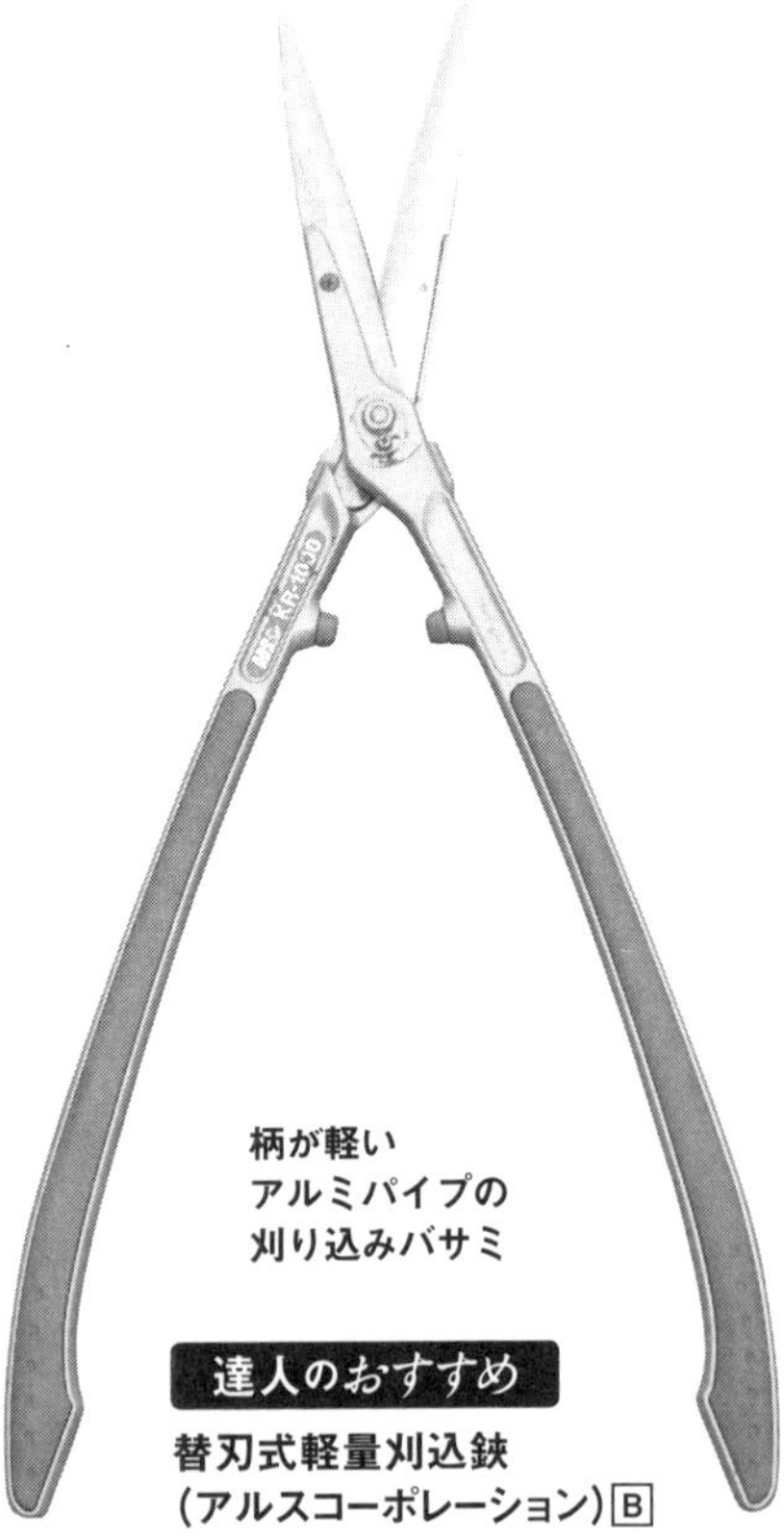

柄が軽いアルミパイプの刈り込みバサミ

達人のおすすめ

替刃式軽量刈込鋏（アルスコーポレーション）B

切れなくなったら、刃を交換する。

達人の一言

花壇で広がるワイヤープランツやプミラなどの植物の手入れにも重宝します。

Q 生け垣を一気に楽に刈り込みたいです。

ここがコツ！

植木バリカンがあると便利ですが、取り扱いには注意が必要です。

◆**刈り込み作業の強い味方**

植木バリカンは「ヘッジトリマー」ともいい、刈り込みバサミで行う生け垣の刈り込み作業などを、動力を使って負担なく素早く行うことができます。

複数の刃が動力で往復運動し、**刃が長いタイプの植木バリカンは一度に広い面積が刈れるので生け垣などに向き、刃が短い小型の植木バリカンは細かい細工や曲面の刈り込みに向きます。**なお、高枝用の植木バリカンもあります（36ページ参照）。

植木バリカンは1人で使います。付近に人を近づけないようにし、特に子どもには気をつけましょう。髪の毛やアクセサリー、服などが刃に巻き込まれないよう髪の毛を束ねるなどして、長袖長ズボンで、手袋を着用し、身支度をしてから作業します。未使用時や作業を中断する時は必ず電源を切り、コンセントを外します。

刃が枝などを食い込んでしまった場合など刃に触れる時は、必ず動力を停止させてから作業します。動力が伝わっていないことを確認しないと、食い込んだ枝などを取り除いた時に急に動き出し、思わぬ事故につながることがあります。

また、電動タイプはスイッチがオフになっていることを確認してからコンセントにつなぐのが基本です。スイッチがオンのままコンセントにつなぐと事故になりかねません。

◆**選び方のポイント**

植木バリカンには、本体を横に動かしながらある程度広

植木バリカン

動力はエンジン式と電動式があり、
電動式のコードレスタイプもある。

ハンドル

ブレード

製品により長さが選べる。

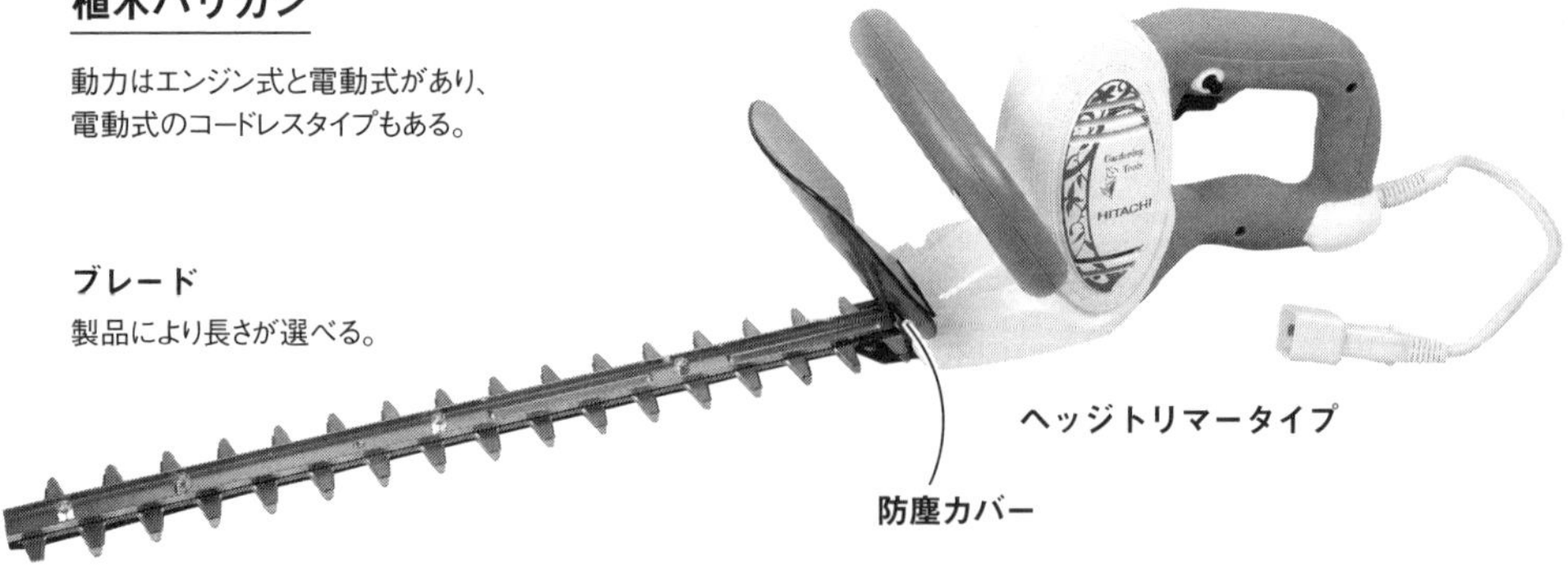

ヘッジトリマータイプ

防塵カバー

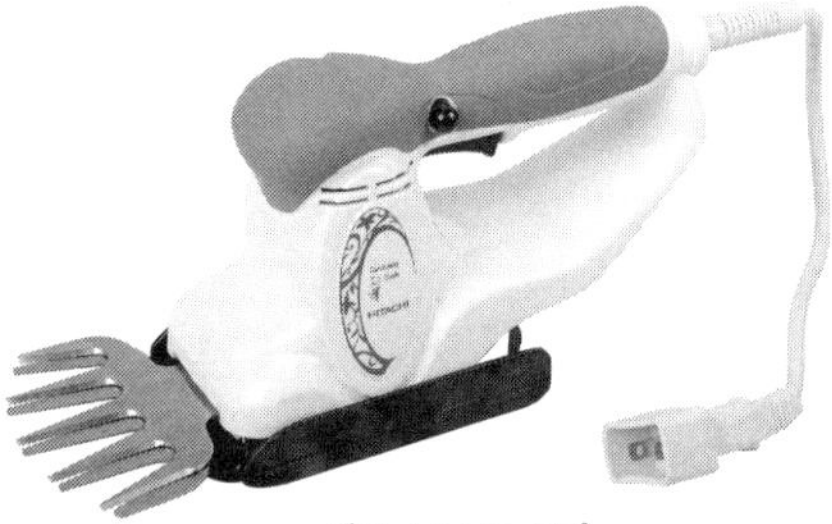

小型の植木バリカン

細かい作業をする時に活躍する。

バリカンタイプ

く刈り込みをするヘッジトリマータイプと本体の前面に左右に動く2枚刃で刈り込みをするバリカンタイプがあり、電動か2サイクルエンジンで動くタイプがあります。**家庭では電動で十分で、取り回しがよい充電式のコードレスタイプが作業しやすいです。**エンジン式は庭園などかなり広い面積を作業する場合に使用します。

◆手入れと保管

作業後は動力の停止を確認してから説明書に従って汚れを落とし、子どもの手の届かない湿気の少ない場所で保管します。

Column

茅葺《かやぶき》屋根用のハサミが発展した、刈り込みバサミ

刈り込みバサミの原型は茅切リバサミ、屋根屋バサミといわれ、これらは茅葺屋根の職人が使っていた両手で使う大型のハサミです。また、明治時代以降に、欧米から同じような形の園芸用のハサミが輸入されています。両者とも刃が大きく頑丈で重量があり、繊細な樹形を整える作業には不向きなハサミでした。そこで、薄刃のカマをつくる技術を応用して、刃を小さく軽くする改良がなされ、現在の刈り込みバサミが誕生しました。

Q

枝の剪定に、大工用のノコギリは使えますか？

ここがコツ！

剪定ノコギリを使いましょう。大工用のノコギリと剪定ノコギリは構造が違います。

◆**生木は必ず園芸用の剪定ノコギリで**

大工用のノコギリと剪定ノコギリでは、刃の構造が違います。大工用のノコギリは両刃で粗目と細目をもち、木材を直線に切りやすくなっています。一方、剪定ノコギリは①植物の繊維を傷つけない、②刃が目詰まりしにくい、③固定されていない枝を切る時に力の負担を抑えるなど、生木を切る工夫がされています。

◆**選び方のポイント**

剪定ノコギリには、生木の枝を切る「枝引きノコギリ」、根を切る「根引きノコギリ」、タケを切る「竹引きノコギリ」などがあります。

ノコギリはたくさんのナイフが木を削っているようなものので、ノコギリの刃はナイフの役割である「目立て」と削りカスを排出する「アサリ」で構成されています。目立てとアサリが上手に調整されているものがよいノコギリで、もし試し切りができれば、**タケを切ってみて、力を加えなくても切れ、切断面がなめらかになるものを選びましょう。持った時に軽く、替え刃式の製品がおすすめです。**

◆**手入れと保管**

ノコギリは手入れを怠るとすぐに切れなくなります。使用後は乾いた布で汚れなどを拭き取り、シリコンスプレーをかけ、子どもの手の届かない湿気の少ない場所で保管します。切れなくなったら、素人が研ぐのは無理なので、刃を交換するか買い替えます。

切る
掘る
まく
便利
身につける
歴史

剪定ノコギリ

木の枝を切りやすくなっている。細身で刃の長さは25～30cmのものが多い。さらに細いものもある。

達人のおすすめ

ジョーズ 剪定のための鋸（サボテン）A

竹もきれいに切れる丈夫なノコギリで、テフロン加工をしてあるので手入れも楽。

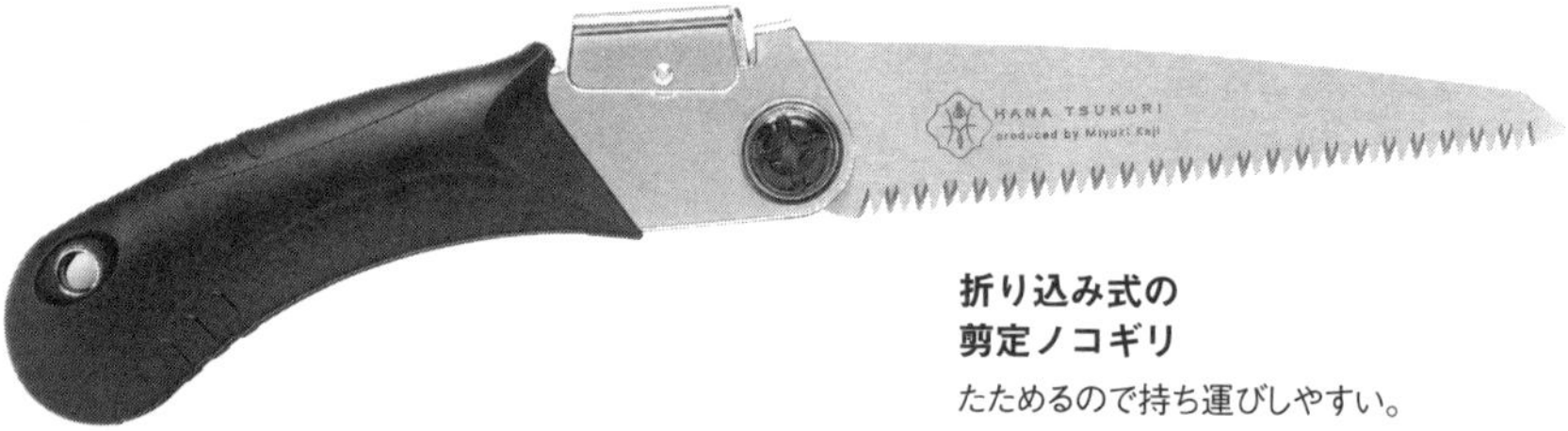

折り込み式の剪定ノコギリ

たためるので持ち運びしやすい。

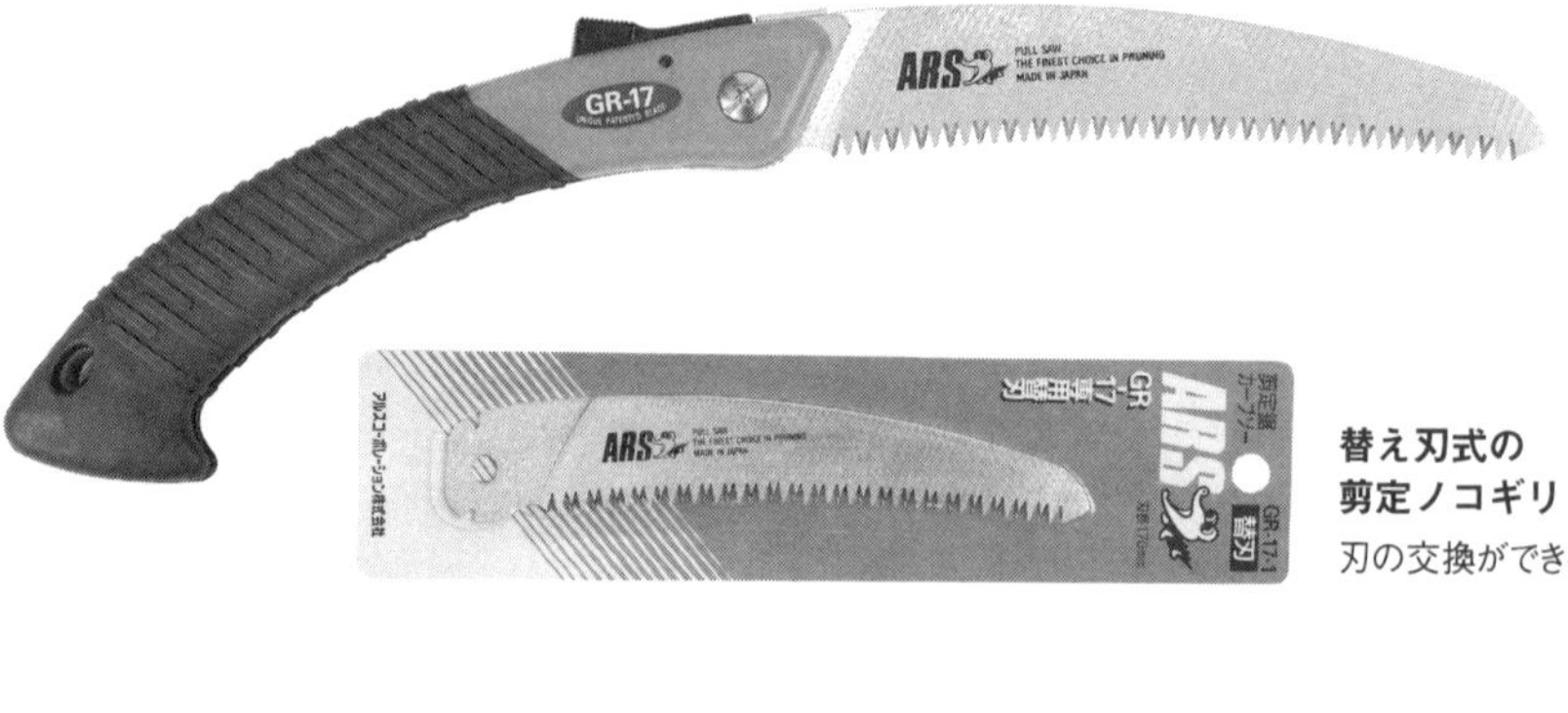

替え刃式の剪定ノコギリ

刃の交換ができる。

Q 太い枝を切るコツを教えてください。

ここがコツ!

下側から切りましょう。

◆樹木を切るコツ

樹木は伸びすぎたり暴れすぎたりして困る前に、不要な枝は毎年切るようにしましょう。

剪定バサミや太枝切りバサミなどで切れない太さの枝は、剪定ノコギリで3回に分けて切るとよいでしょう。すぐに根元から切るのではなく、①根元から少し離れたところを、**下側から1／5ほど切り込みを入れ、②次に上側から切り落とします。③最後に残った枝を根元から切り落とし、癒合剤を塗布します。**先に切り込みを入れないと、枝の重さにより途中で折れてしまうことがあるためです。

固定されていない枝を切るには、一度に力をいれて切るのではなく、ゆっくりと何回もノコギリを動かすようにすると、きれいに切ることができます。

太い枝の切り方

1 太い枝は下側に切り込みを入れる。
2 上側から切る。
3 切り落とす。
4 根元から切り、癒合剤を塗る。

Q 太い枝や幹の剪定、廃材などを楽に処理したいです。

ここがコツ！

電動ノコギリ（チェーンソー）を使うと楽です。ただし、注意が必要です。

◆**自分の体力に合った重さがよい**

家庭でも使える電動ノコギリが手ごろな価格帯で販売されています。小型軽量、静音でコードレスもあり、女性でも操作しやすくなり、DIYなどにも使えます。

ただし、**動力のついた刃物なので、事故やけがに十分な注意が必要です。**最も事故が多い道具で、危険な時があります。使用の際は、マスク、手袋、長袖、長ズボンを着用しましょう。また、他の人や子どもが近づかないところで行い、刃に触る時は動力の停止を必ず確かめます。

◆**選び方のポイント**

自分の体力に合った重さで、さびにくく手入れがしやすい刃がステンレス製の製品がよいでしょう。

チェーンソー

エンジン式（上）と電動式（下）のチェーンソー。

チェーンソーは必ず持ち手をしっかり握って作業する。

Q 芝生をいつもきれいにしていたいです。どんな芝刈り機がよいですか?

ここがコツ!

ある程度の広さがあれば、リール式、電動式がおすすめです。

◆使って楽しい道具で庭も気持ちも晴れ晴れ

きれいな芝生を維持するには、定期的な芝刈りで芝を一定の高さに保たなければなりません。**芝を長いままにしておくと根元に光が届かなくなり芝生全体が衰弱したり、芝生が荒れたり、その後の芝刈りが大変になります。**

刈り込むことで芝生は元気になりますが、ただ刈ればよいというものではなく、刈りすぎて成長点までカットすると、芝が弱ります。そのため、刈り高を常に3~5㎝に維持して、芝が丈夫に育ち雑草が侵入しにくい環境にします。

芝刈りは労力を要し、刈り高の調整が必要です。刈り高の調整ができる芝生の広さに合わせた芝刈り機を利用し、芝刈り機の入りにくいところなどは芝刈り用のハサミなどを使用しましょう。

高麗芝など日本芝は4~9月が芝刈りの適期で、月2~3回行います。夏季は生育が旺盛なので、成長の度合いにより芝刈り回数を増やします。10~3月は芝刈り不要です。寒冷地向きの西洋芝は3~12月が芝刈りの適期です。3~4月は月1~2回、4~9月は週1回、10~12月は月2~3回の刈り込みが目安で、芝の成長度合いに応じて行います。1~2月は芝刈り不要です。

◆選び方のポイント

芝刈り機は、芝生の切り方により「リール式」と「ロータリー式」に分かれます。

リール式は回転するシリンダー状の刃と固定刃で、ハサミのように芝を切ります。ロータリー式は1本の刃を高速

リール式芝刈り機
手動式で、80㎡くらいまでの庭に向く。リール式は短い刈り込みに向く。

ロータリー式の芝刈り機
ロータリー式は、短く刈り込むのは不向き。

に回転させ、カマのように芝を切ります。

リール式のほうがきれいに短く刈れるので、ゴルフ場のパッティンググリーンなどはすべてリール式の芝刈機で刈られています。ただし、リール式は構造が複雑で刃の噛み合わせの調整が必要です。また、異物を噛んでしまった場合のメンテナンスも大切です。ロータリー式は高速回転する刃で芝を切るため、切り口がささくれて枯れ込んでしまうので、刈り込み直後は芝の表面が黄色く見えます。

また、芝刈り機は手動式と動力式に分かれ、動力式には電動式とエンジン式とがあります。33㎡の芝生を刈る場合、手動式だと1時間以上、電動式芝刈り機では15分程度かかります。芝刈りは重労働で定期的に行わなければならないので、芝生がある程度以上に広い場合は動力式をおすすめします。

手動式の芝刈り機は、自重があり車輪の大きいものを選ぶと、芝刈り機本体の力が利用でき芝刈りが多少楽です。逆に、軽くて車輪の小さな芝刈り機は人力で押して刈らなければならないので、体力が必要です。

電動式の芝刈り機にはコードつきタイプと充電式（コードレス）タイプがありますが、作業内容から考えるとコードつきタイプが使いやすいと思います。ただし、コードを

切る
掘る
まく
便利
身につける
歴史

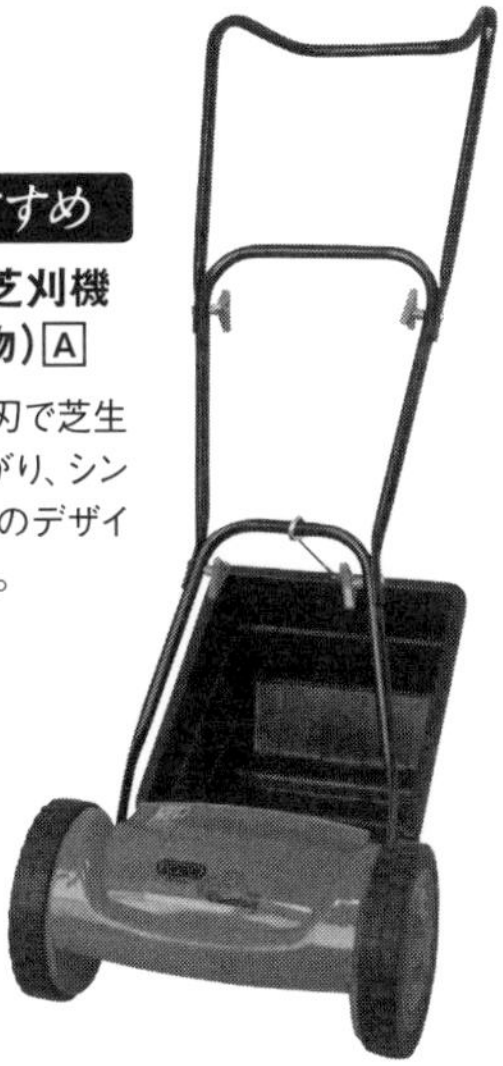

達人のおすすめ

ギンゲ手押式芝刈機（柴田園芸刃物）Ⓐ

スウェーデン鋼の刃で芝生がきれいに仕上がり、シンプルなデンマークのデザインで耐久力がある。

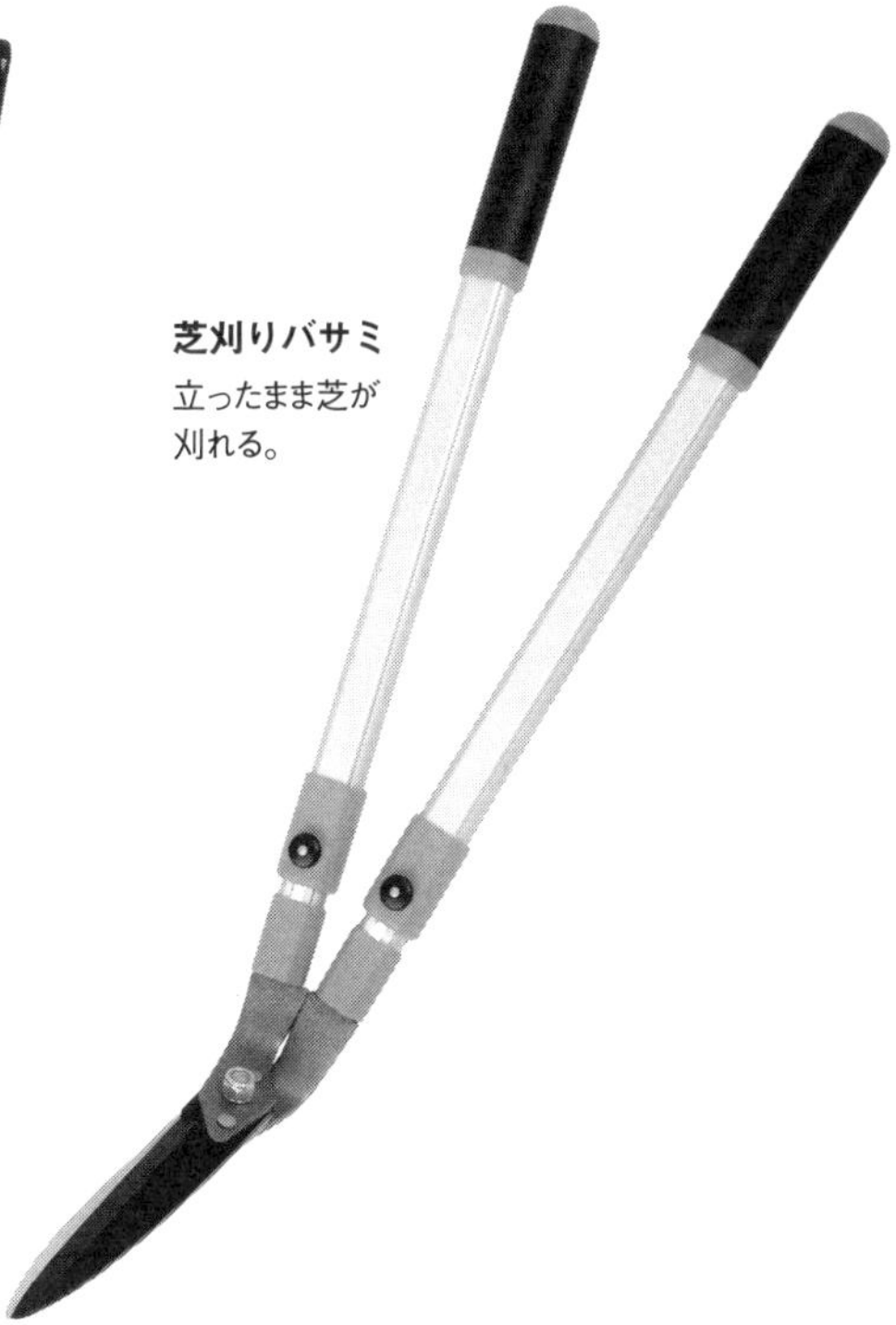

芝刈りバサミ

立ったまま芝が刈れる。

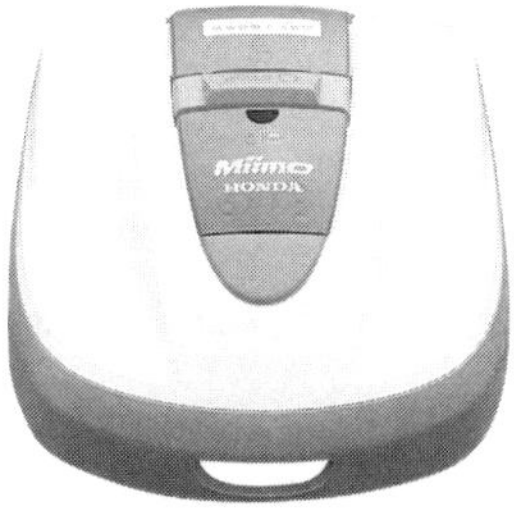

ロボット芝刈り機

天候にかかわらず、定期的にロボットが芝刈りをする。

達人の一言

芝生を維持するには定期的な管理が必要です。自重があり車輪の大きな手動式の芝刈り機が楽です。

回転刃に巻き込んだり断線したりしないように注意が必要です。なお、エンジン式はほぼ業務用です。

◆手入れと保管

メンテナンスなどで動力式の芝刈り機の刃に触る時は、必ずコンセントからコードを抜くなど動力を停止させてから行います。芝刈り機での事故の多くは、刃に挟まっていたものを取り除いた時に急に動き出すとか、子どもが作動レバーを動かしてしまった時などに起きています。

使用後は動力を停止させてから刃の汚れを落とし、子どもの手の届かない雨などの当たらない場所で、説明書に従ってしまっておきます。

Q きれいな芝生を維持するコツを教えてください。

ここがコツ！

定期的な管理が必須です。

◆芝の高さを3～5㎝に維持する

きれいな芝生は憧れですが、家庭で芝生を維持、管理するのは結構大変です。ゴルフ場やグラウンドなどは、専門のグラウンドキーパーにより一年中適切な管理をしているため、維持されています。それでも、自分の庭の芝生で、裸足で歩いたり寝転がったりするのはとても気持ちがよく、景観的にも心が癒やされます。

芝生は日当たりが大好きです。また、きれいな芝生を維持するには、芝生を敷いた後の手入れが肝心です。①水やり、②芝刈り（一定の高さに保つ）、③根切り（エアレーション）、④目土を入れる（エアレーション後、芝の根に直射日光を当てないため）、⑤肥料やり、⑥掃除などを適宜行います。芝生は定期的に一定の高さに刈ることにより、根の張りが促され、均一で目の詰まった芝生になります。切りすぎると生育不良になるので、3～5㎝の高さを維持するように心がけましょう。

土の表面が乾いたら午前中にまんべんなく水を与えましょう。春と秋は3～4日に1回、夏は1日1回もしくは朝晩1回ずつ、冬は不要、が目安です。天候や芝生の状態を見ながら与えます。面積が広ければ、スプリンクラーとタイマーがあると便利です。

肥料は芝生専用肥料を3～11月まで与えます。日本芝の高麗芝は2ヵ月に1回、寒冷地用の西洋芝は1ヵ月に1回まきます。量は製品によって異なります。均一にまかないとチッソ成分の多少により葉の色にむらが出ます。肥料散布機（スプレッダー）を使うか、手でまいた後に水やりをして均一にしてもよいでしょう。ジョウロやスプレーで液体肥料をまく他、最近ではホースノズルで液体肥料を均一に撹拌して散布する機具も販売されています。

時間が経つと土壌が硬くなり芝の根が張りづらくなるので、定期的にローンスパイクで芝の根を切り活性化します。

ホールド状に穴をあける機具もあります。あけた穴に目土を入れると効果的です。

芝生が古くなると、刈った葉のカスがたまり「サッチ」といわれているものになります。専用のブラシやレーキ、短い竹ホウキなどで除去します。

Column

芝刈り機の歴史

芝刈り機の日本での始まりは、戦前に遡ります。日本のゴルフ場の管理機器として、ヨーロッパで使われていたものが輸入されました。それ以前はカマや芝刈りバサミで刈っていたので、芝刈り機は大変な省力化になりました。

当初ゴルフ場で使用されていたものは、ロープをつけて機械を引っ張る人と押す人の2人がかりで扱っていました。

戦後になるとアメリカ文化の影響で、富裕層が家に芝生を敷くというステイタスが生まれました。なんと、芝刈り機は当時、贅沢品に課せられた税金の対象でした。

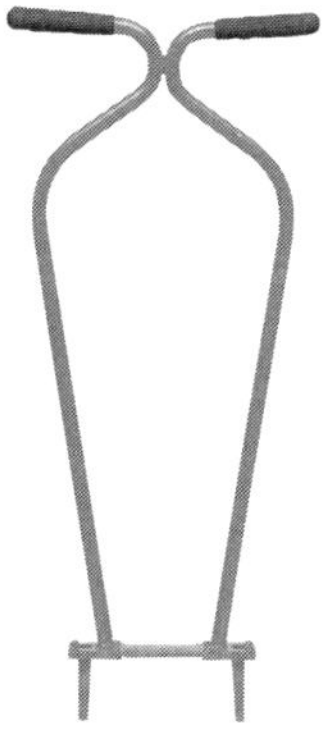

芝生の穴あけ機

定期的に根を切って新しい根を発根させる。

切り芝の張り方の種類

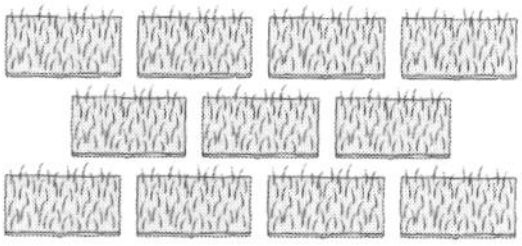

目地張り

切り芝と切り芝の間に少し間隔をあける。

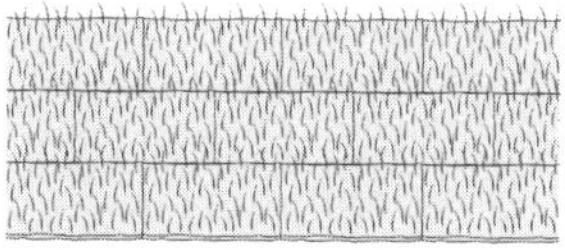

ベタ張り

すき間をあけずに敷き詰める。

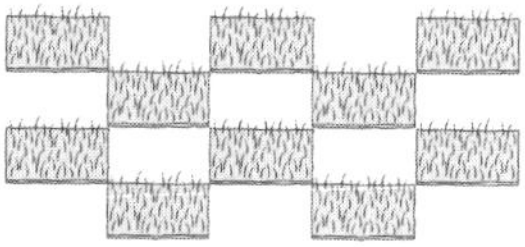

市松張り

市松模様に張る。

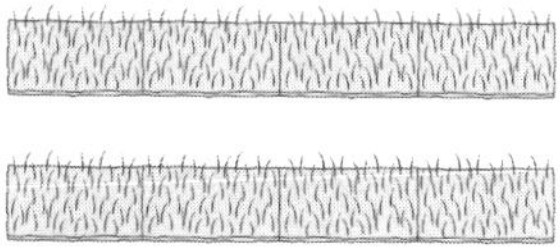

すじ張り

一列おきに張る。

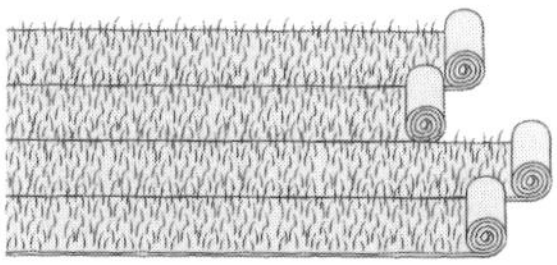

ロール芝

広い範囲に芝を張る時に便利。芝生を張る作業が短時間で済み、見た目がきれいで雑草が生えにくい。

切り芝を張る

芝生は日当たり、水はけのよいところが必須。切り芝を張るにはあらかじめ耕して平らに整地しておく。

Q 刃物のメンテナンス法を教えてください。

ここがコツ!

使用後はすぐに汚れを落とし、水気のないところで保管します。

◆使用後の手入れ次第で道具は長持ち

刃物は使用するたびに、泥や樹液がつきます。そのまま放置すると切れなくなるだけでなく、次に切った植物に病原菌をつける可能性があるので、使用後は水洗いし（水洗いできない場合は汚れをぬぐうだけでもよい）、水気を乾いた布でぬぐい、雨の当たらないところで保管しましょう。

さらに、使用後に熱湯や刃物用の消毒液で消毒したり、オイルやさび止めスプレーなどを塗布したりするとよいでしょう。なお、**刃を炎であぶるのは劣化の原因になるので、おすすめできません。**

砥石やシャープナーで刃を研ぐと切れ味が復活しますが、研ぐのが難しかったり、適さない材質の場合もあるので、使えるかどうか、使用前に必ず確認しましょう。

電動ノコギリ

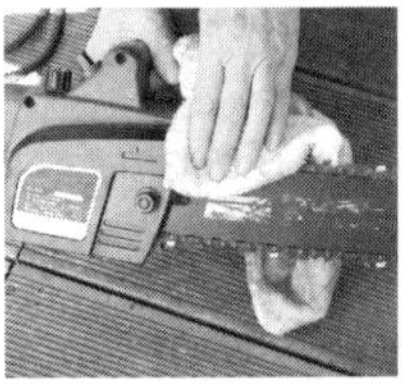

1 必ず動力を止めてバッテリーやコードを抜いてから、汚れを拭き取る。

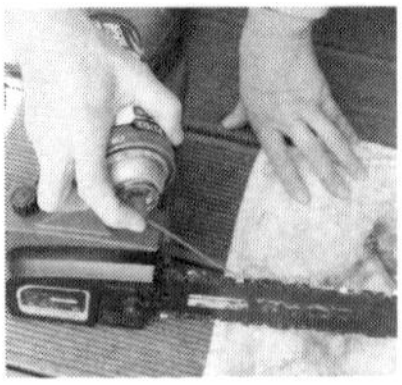

2 シリコンスプレーなどを吹きかけ、古きれなどで拭いてなじませる。

剪定バサミ

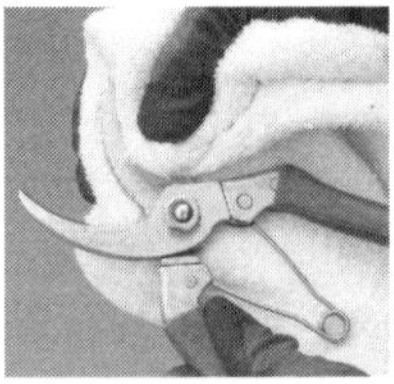

1 汚れやヤニを布で拭き取る。普段はこれだけでもよい。

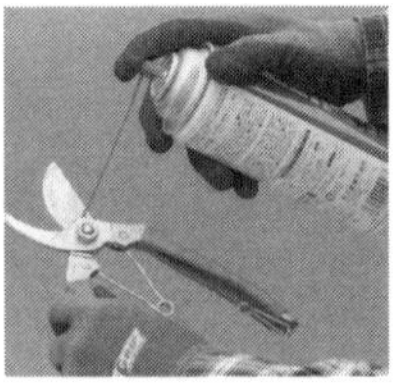

2 長期間使わないときは、シリコンスプレーやオイルでコーティングする。

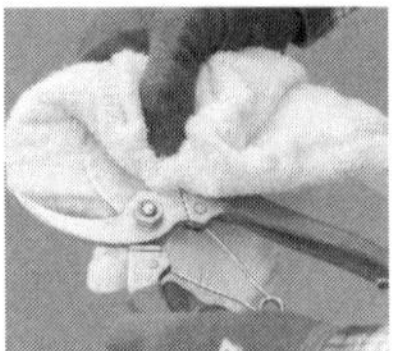

3 まんべんなく塗り込み、余分な液は拭き取る。

剪定バサミの研ぎ方

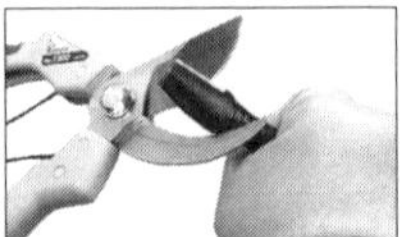

汚れを落とし、必ず固定してシャープナーで研ぐ。

Chapter 2

掘る・耕す道具の選び方と使い方

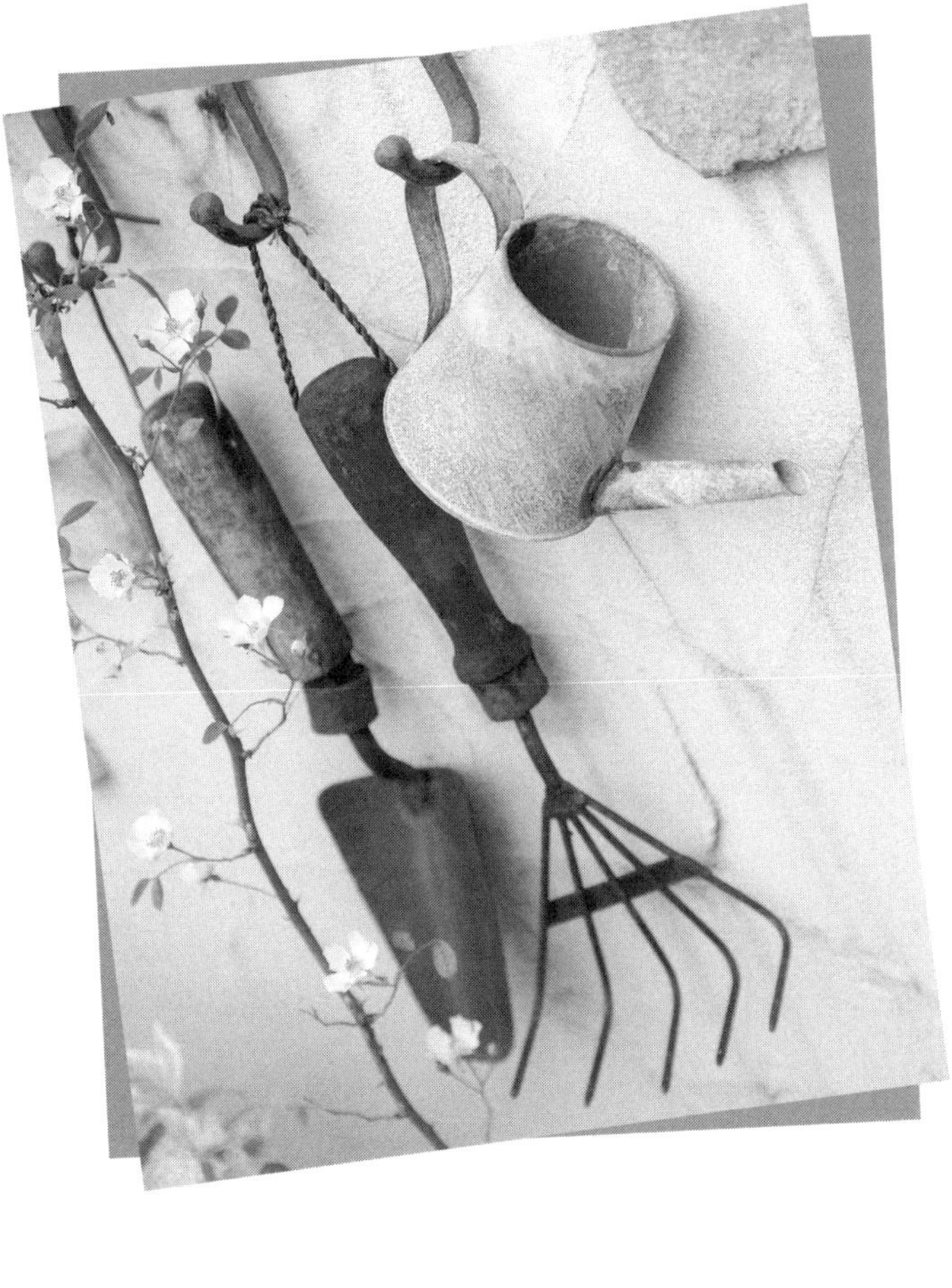

Q 掘る、植えるには どんな道具を使えばよいでしょうか？

ここがコツ！

掘る、運ぶ、耕すなどの役割で、様々な道具があります。

◆**園芸の第一歩は植えることから**

特別な場合を除き、園芸や菜園は植えるか、タネをまくことから始まります。**植える時、掘る時、耕す時など、土にかかわる作業に欠かせないのが、掘る道具です。**

いろいろな名前の道具があり、役割がそれぞれ異なるので、この機会に整理しておきましょう。

小学生が授業や課題で使用する、おなじみの移植ゴテ（ショベルという名前だと思っている方がいるかもしれません）から始まり、ショベル、スコップ、クワ、スキなどがあり、植物栽培の大切な作業である土づくりにも欠かせません。

鉢栽培だけなら、移植ゴテとハンドスコップがあれば十分です。園芸や菜園では、広さや作業内容により、必要な道具が変わってきます。

移植ゴテ

細かな園芸作業用の道具で、最初の1つに最適。苗や球根の植えつけ、植え替えなどに。

ショベル

土を掘るための道具。庭作業の必需品。

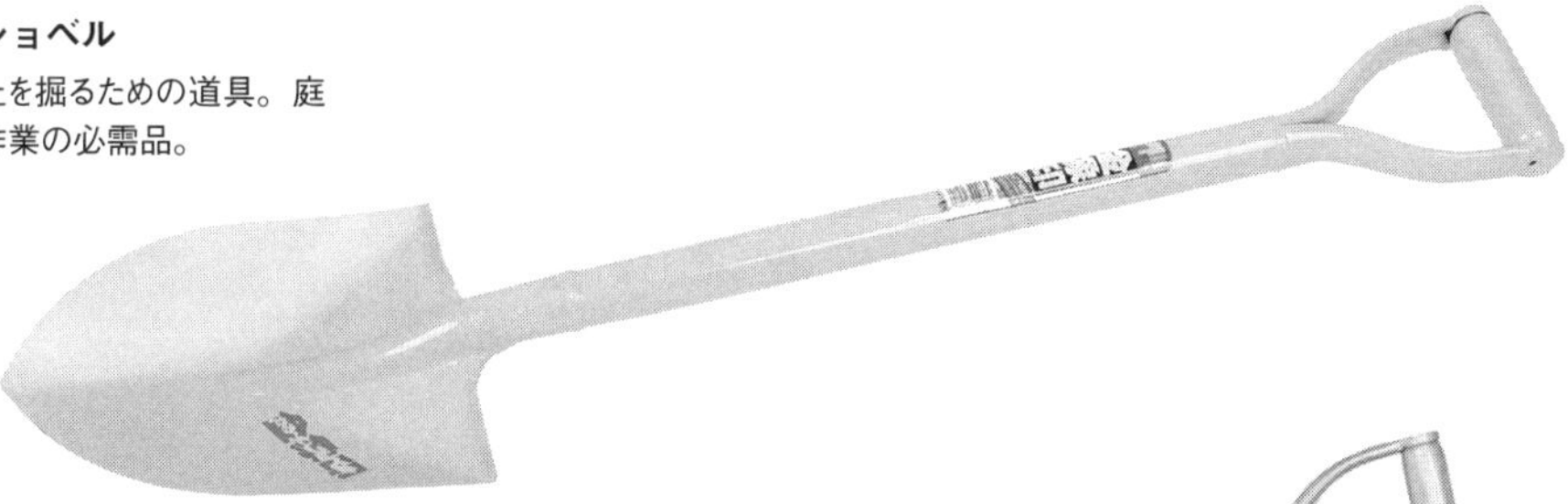

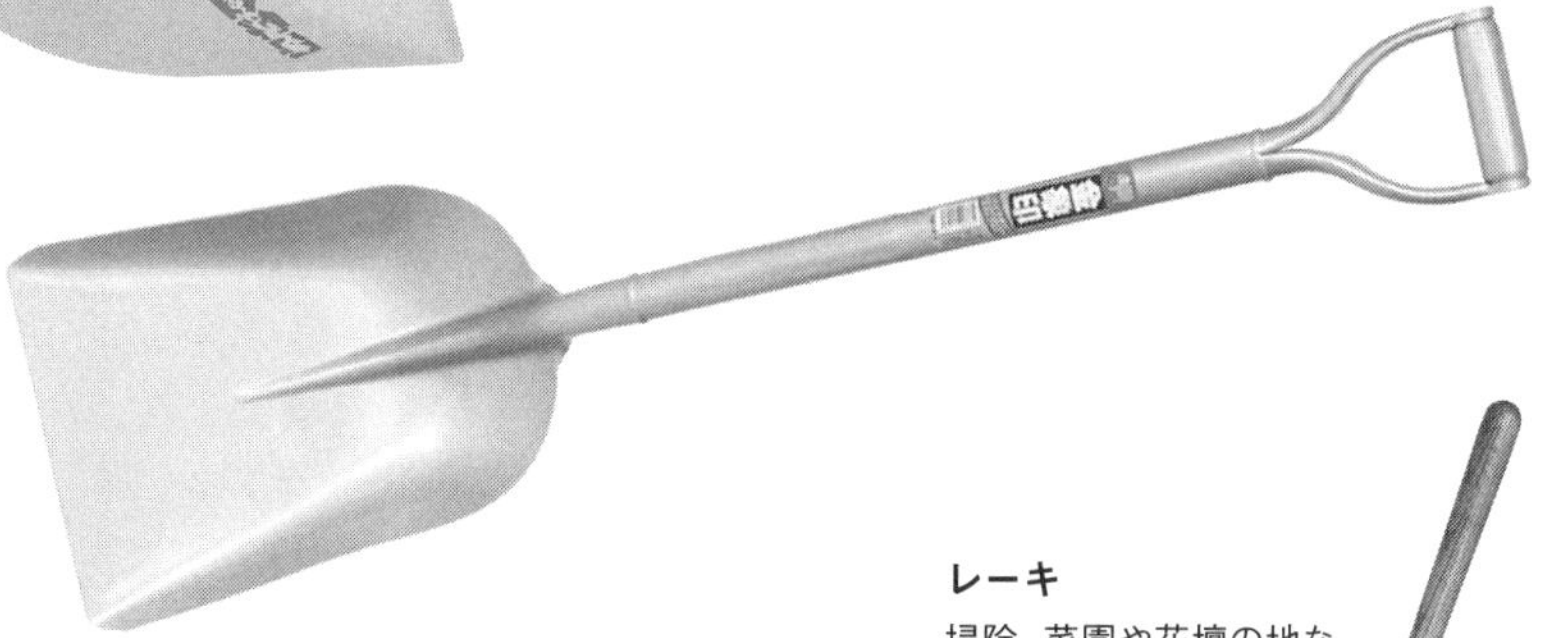

スコップ

土や肥料などをすくって移す道具。家庭ではハンドスコップがあると便利、

レーキ

掃除、菜園や花壇の地ならしなどに使用する。

クワ

菜園の必需品。クワは耕す、畝づくり、雑草取りなどに使用する。クワもフォークも仕事の内容によりバリエーションがある。

Q 移植ゴテはどんなものでも同じでしょうか？

ここがコツ！

柄が折れにくいものにしましょう。

◆移植ゴテは万能園芸道具

移植ゴテは、露地栽培でも鉢栽培でも、苗、株、球根などの植えつけ、植え替えから掘り出し、増し土、除草、中耕など多用途に使える、園芸作業の必需品です。移植ゴテ本体と柄の接点が支点となり、テコの原理であまり力を使わず作業ができます。園芸を始める時には、まず1本用意したい道具です。

移植ゴテは明治時代に西洋式の園芸道具として、ショベルやホー（100ページ参照）などと一緒に輸入された道具です。本来の名称は「トロウェル」ですが、当時の園芸道具をつくる職人が「植物用の左官ゴテ」として製作販売し、形状が「左官ゴテ」に似ていたため、「移植ゴテ」の名称が広がりました。

移植ゴテは、コテ面の横幅の広さで大きく「太」と「細」に分けられ、さらに機能や形状により様々な製品があります。なお、メーカーによっては幅が太いものを「スコップ」、細いものを「ショベル」と称していますが、本来、移植ゴテとスコップ、ショベルは別物です（58ページ参照）。

◆選び方のポイント

最も気をつけたいのは、強度と使い勝手です。製造には金属の一枚板から本体と柄の部分をつくり上げたタイプと、ハンドルの部分を別の素材で取りつけたタイプがあります。**移植ゴテは大きな力が加わる支点部分（取りつけ部分）が丈夫なものがよく、ステンレス製のものはさびや傷に強いので長く使えます。**

使い勝手としては、本体と柄に多少角度があり掘りやすいものや深さを測れるメモリがついたもの、本体の先が刃状になり除草や根切りがしやすいものなどがあるので、用途に合ったものを選びましょう。

なお、100円ショップの移植ゴテは、さびやすく、強度に不安があります。

◆手入れと保管

使用後は洗って汚れを落とし、乾いた布で水気を拭き取り、雨の当たらない場所で保管します。

本体がステンレス製の移植ゴテ

ステンレス製なのでさびにくく、用途に応じた様々な形状の製品がある。

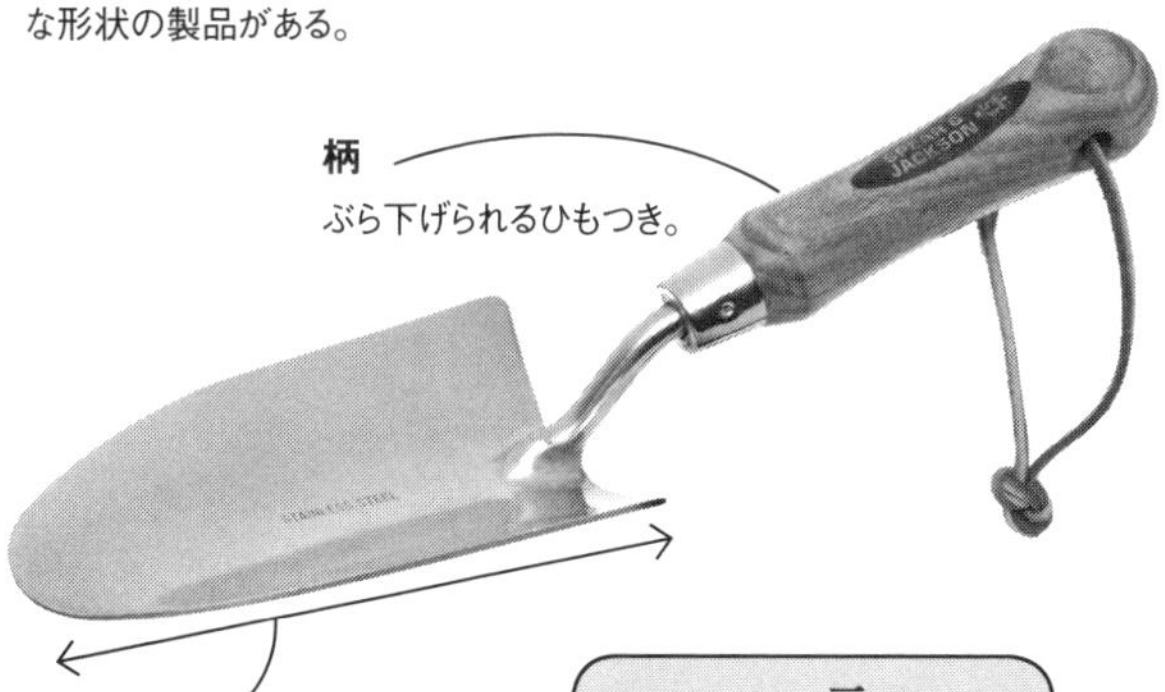
コテ面
球根の植えつけなどに便利なメモリつきや、幅が細いタイプなどもある。

達人の一言
コテ面の長さを測って覚えておくと、いちいち深さを測る必要がなくなります。

スチール製の移植ゴテ

安価で一般的な移植ゴテ。鉢への植えつけなどに使いやすい。

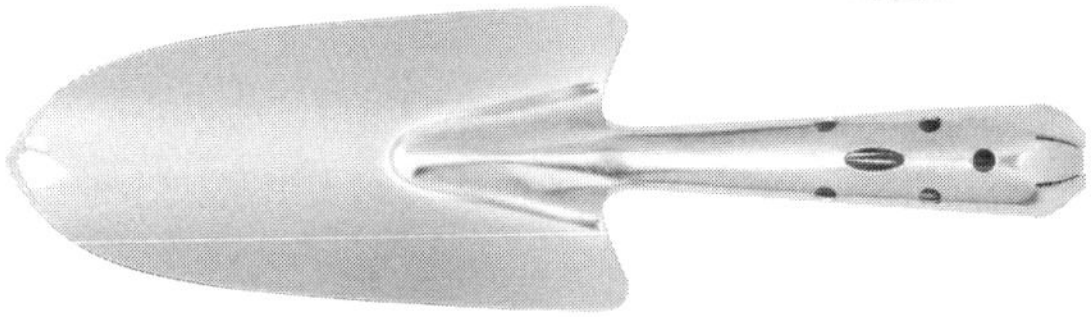

移植ゴテは植えつけ、植え替えや土の攪拌などで活躍。

切る
掘る
まく
便利
身につける
歴史

Q 移植ゴテより、植え替えが楽になる道具はありますか？

ここがコツ！

山菜掘りとハンドスコップや土入れ（土すくい）があると便利です。

◆山菜掘りは日本発、世界のガーデナーの愛用品

移植ゴテは植物を移植したり、植え込んだりするなど多用途に使用する定番の道具ですが、汎用性が高い分、個別の作業に物足りなさを感じる時があります。

「山菜掘り（山草掘り）」は「ガーデンナイフ」などとも呼ばれ、本来山草の収集のための道具ですが、園芸でも愛用されています。硬く肉厚でヘラのような形状で先がとがり、側面に刃がついています。

移植ゴテより頑丈で、硬い土をほぐしたり鉢に張りついた根を切ったりする時などに重宝します。なお、他人の野山などで勝手に山草を採取することはやめてください。

また、花壇や菜園で簡単に植え込み用の穴があけられる道具もあります。「バルブプランター」「ホーラー」などの名称がつけられています。立ったまま植え穴があけられるものと、ハンディタイプがあり、たくさんの苗や球根を植える時などに活躍します。よく耕された土壌で使用しましょう。

また、**ハンドスコップや土入れは、鉢への植えつけ、植え替えをする時にとても便利なので、プロの愛用品です。鉢栽培の必需品ともいえます。**

◆選び方のポイント

山菜掘りは、さびにくいステンレス製で、自分の手の大きさに合った、使いやすい長さのものがよいでしょう。

ハンドスコップ、土入れは、土がすくいやすいものにします。

◆手入れと保管

作業後は水洗いして汚れを落とし、水気を拭き取ってからシリコンスプレーなどを塗布し、雨の当たらないところで保管します。

達人のおすすめ

山草掘り（柴田園芸刃物）A

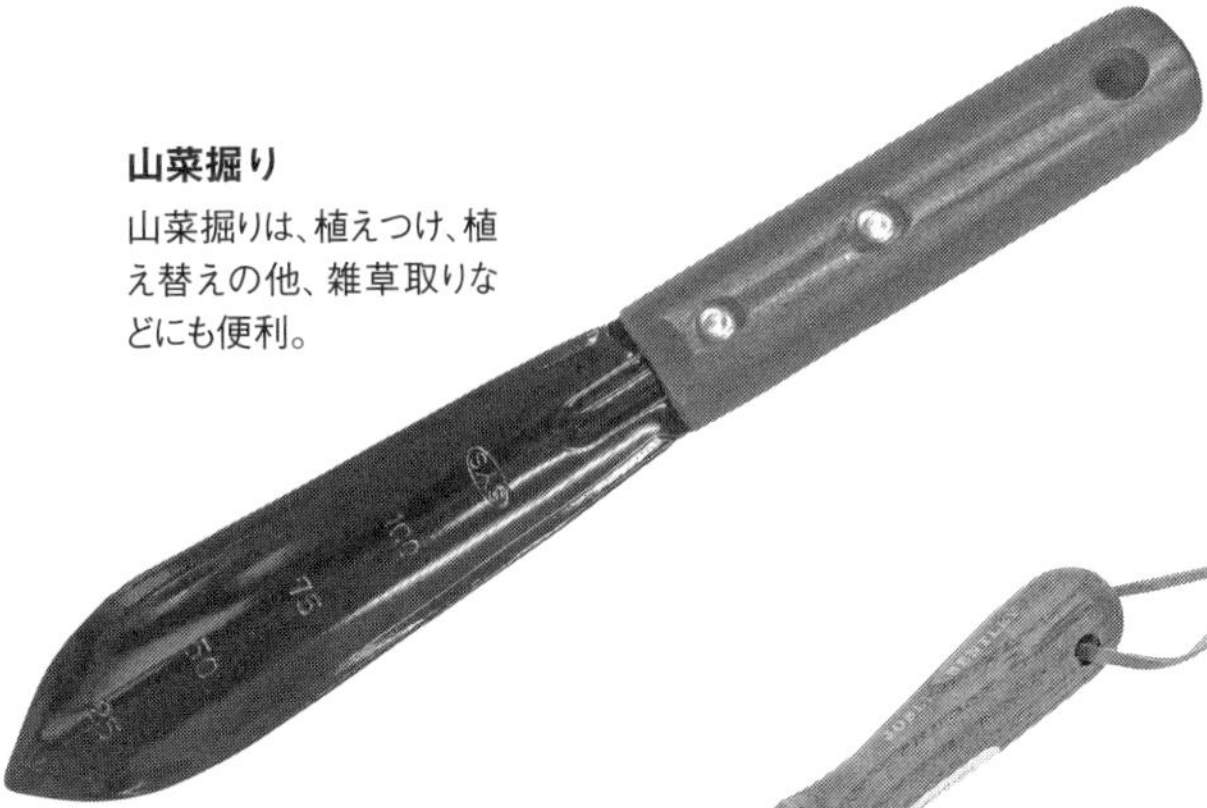

山菜掘り

山菜掘りは、植えつけ、植え替えの他、雑草取りなどにも便利。

ハンドスコップ

一度にたくさんの土がすくえる。

達人の一言

ハンドスコップはたくさん植え替えをするプロの愛用品です。

バルブプランター

土に差し、引き上げるだけで穴があく。球根をたくさん植える時に便利。

土入れ（土すくい）

ステンレス製やプラスチック製などがある。安価なもので十分。

Q ショベルとスコップは同じですか？

ここがコツ！

違います。ショベルは「掘る」道具、スコップは「すくう」道具です。

◆仕事の役割が異なる

多くの人が混同していますが、**ショベルとスコップは別の目的と機能をもった道具です。ショベルは土を「掘る」道具で、スコップは土や粉を「すくう」道具です。**

欧米から輸入された時に形状が似ていたため同じものとして扱われ、今も混乱したままになっています。

そのため、ショベルに「剣先スコップ」という商品名をつけて販売されていることがあります。一般の人が両者を違うものと理解するまでには、時間がかかりそうです。

形を見ると、ショベルは本体の肩の部分が平らで足がかかるようになっており、スコップは本体の肩の部分に足がかかりません。さらにスコップは本体と柄の取りつけ角度が土などをすくいやすいようになっています。

ショベルは土に差さりやすく（上）、スコップは土をすくいやすい（下）。

Q ショベルに園芸用と土木用がありました。違うのでしょうか？

ここがコツ！

違います。園芸用のショベルは比較的軽く、土木用のショベルは重いです。

◆園芸用ショベルは多用途

ショベル（Shovel）はシャベルとも呼ばれます。園芸用のショベルと土木用のショベルは一見同じように見えますが、基本的にはまったく別の道具です。**園芸用のショベルは、古くから農家で使われている「エンシ（エンピ、円匙）」がもとになっており、樹木の植え替えなど穴を掘るとともに根を切るなど樹木の管理を前提にしています。**

雑誌や一部の園芸書などで「園芸用のショベルは女性でも使いやすい小型のものがよい」として、コンクリートを練るときに使用する「練スコップ」の写真が掲載されていることがありますが、これは間違いです。

園芸用のショベルは地面に突き刺すことが優先され、剣先は硬く鋭敏で土木用のショベルより本体が平らです。小ぶりなサイズがあるのは、樹木の下などでの作業用です。

一方、土木用のショベルは、ＪＩＳ規格で品質が決められ、粗悪品にはＪＩＳの認定がありません。柄の材質から強度、剣先の柔軟性などに細かい規定があります。土木用のショベルは重く、持っているだけで疲れます。

◆選び方のポイント

根を切る、持ち上げるなど大きな力が加わります。丈夫で、体力に合わせたものを選びます。**小型で、一体型のスチール製の園芸用ショベルが丈夫で軽く、取り回しがよくおすすめです。**ただし、取っ手がスチール製のショベルは、寒さで手袋が柄についてしまうことがあります。複式ショベルは広くないところで植え穴などを掘る時に便利です。

◆手入れと保管

木製の柄は乾燥すると剣先との接合部分にすき間ができてしまいます。柄の水洗いは乾燥防止になります。使用後、

剣先の泥などはブラシなどで洗い流し、汚れを拭き取ります。泥をつけたままにすると、さびの原因になります。

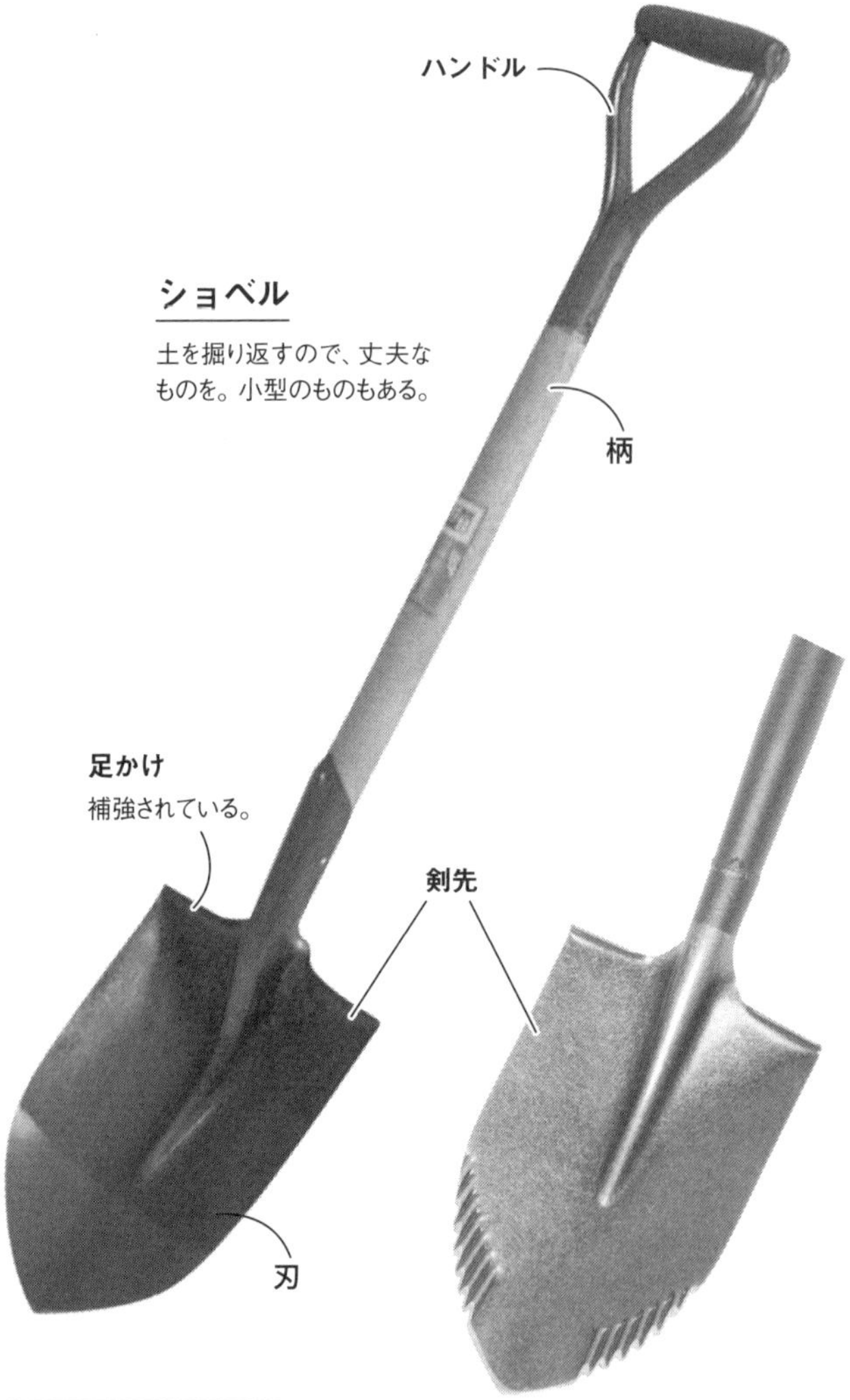

ショベル

土を掘り返すので、丈夫なものを。小型のものもある。

刃の部分に刻みを入れ、より掘り返しやすくしたものなどがある。

達人のおすすめ

特選 園芸用シャベル(柴田園芸刃物)Ⓐ

Column

「ショベル」 「シャベル」はどっちが正しい?

よく「ショベル」 「シャベル」はどちらが正しいのですか?と聞かれますが、明治時代に輸入され、英文カタログの翻訳や販売の際に両方使われてきました。元は英語のShovelでショベルが標準ですが、シャベルでも構わないと思います。

Q 掘る時、植える時に気をつけることはありますか？

ここがコツ！

掘る作業は思う以上に大変です。無理はしないようにしましょう。

◆作業内容に合った道具で労力を軽減

庭、菜園など野外の土面を掘る場合、すでに耕したり土を取り替えてある場所などは、ショベルの刃先が無理をせずとも土の中に入り掘り返せます。

しかし、多くの土地は、踏み固められていたり、植物の根が張っていたりして、容易には剣先が通りません。造成地などは建築廃材が固められていることもあります。地域差も大きく、例えばローム層は粘着性があるとはいえ比較的掘りやすい土ですが、砂礫地は石が多分に含まれているので、素人が掘り返すのは大変です。

庭の掘り起こし、植えつけには穴あきショベルが、土離れがよく扱いやすいでしょう。イギリス製のショベルには力が無駄なくかかる製品もあります。**耕したり土づくりには、クワ、スキ、フォークを活用しましょう。**あまりに大変な時は、一人で頑張らずに、プロに依頼しましょう。

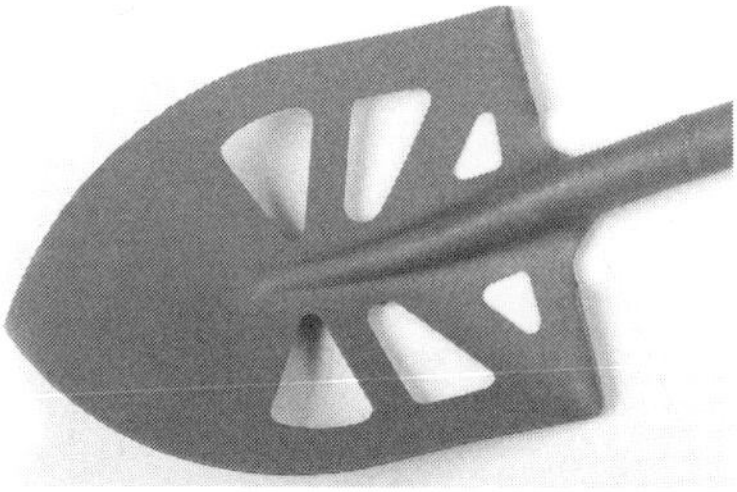

穴あきショベル ヘッド部分に穴があき、土がつきにくい。

達人の一言
掘る作業が大変な時は、プロにまかせましょう。

Q スコップはどのように使うのですか？

ここがコツ！

土などをすくうためです。すくう量と体力に見合った大きさで選びます。

◆スコップには足かけがない

スコップはものをすくうための道具で、土木用と園芸用があります。土木用は土砂の他、食品加工などにも使われ、スチール・ステンレス・アルミニウム・チタンなど、用途に合わせた素材や形状、大きさのものが製造されています。

一方、園芸用のスコップは「土すくい」です。鉢植え植物の植え替えや培養土をつくる作業に適しており、土の計量などにも使用でき、多くは土木用よりも軽量です。

園芸用スコップは、植えつけ、植え替えの土を扱う作業で、あるととても便利な道具です。特にハンドスコップは鉢栽培で重宝します。移植ゴテでもある程度代用できますが、非効率的です。また、小型の石炭用スコップで花壇の植え替えをしている園芸書の写真を見かけることがありますが、撮影用のためで、実際には使いにくいです。

◆選び方のポイント

「土すくい」として使う園芸用スコップは、普段の作業で使用する土の量を考えて大きさを選びます。体力に合った大きさのものを選びましょう。ハンドスコップは鉢に土を入れやすいものがよいでしょう。

◆手入れと保管

使用後は水洗いして、たわしなどで泥や汚れを落とし、水気をよく拭き取っておきます。

柄が木製で使っているうちに剣先がゆるんだり柄が腐ったものは取り換えましょう。

達人の一言

スコップには足かけがないので注意します。スコップは用土の混ぜ合わせにも便利です。

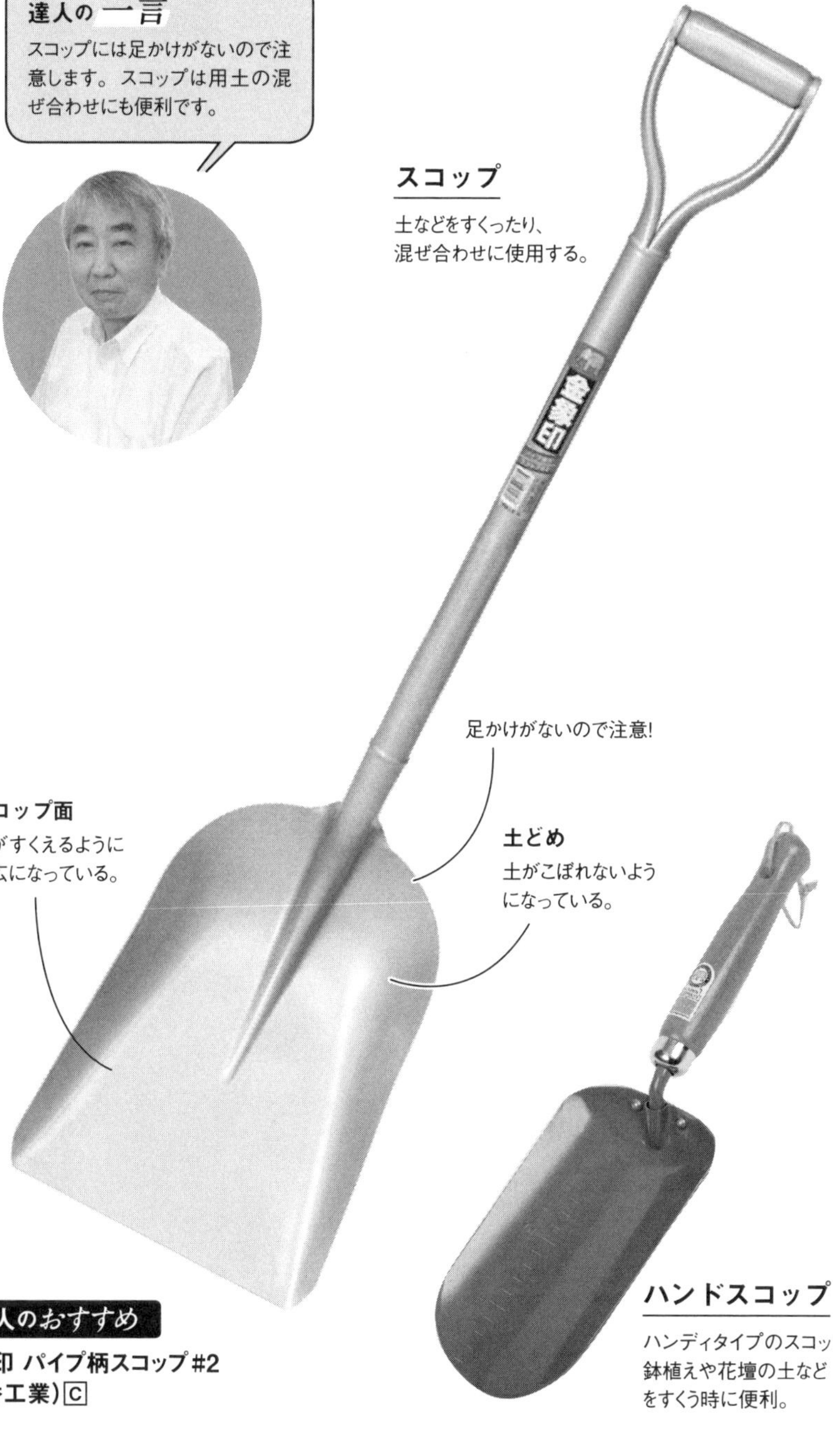
スコップ面
土がすくえるように
幅広になっている。
土がこぼれないよう

鉢植えや花壇の土など
をすくう時に便利。

達人のおすすめ

金象印 パイプ柄スコップ #2
(浅香工業)C

Q 家庭菜園を始めようと思います。クワは必要ですか？

ここがコツ！

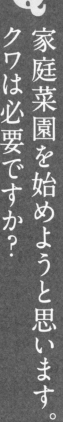

農作業をするのなら、クワが1本あると便利です。

◆クワは用途に合わせた様々な形と名前がある

クワ（鍬）は、使われている地方や使われ方、使われる植物などによって様々な形状と名前がある農具です。**農作業のために発達してきた道具なので、農作業をするなら、1本あると便利です。**家庭菜園用のクワは「家庭グワ」「団地グワ」などの名称で流通しています。土質や生えている雑草の違いにより、東北地方のクワは柄が短く、関西のクワは柄が長いという特徴があります。

クワを作業から大きく分けると、「土を耕すクワ」と「畑で畝をつくるクワ」があり、前者は柄が短くクワと柄の取りつけ角度が大きく、前に進みながら作業することが多くなります。後者は柄が長くクワと柄の取りつけ角度が小さく、後ろに進みながら使用します。土を耕す時はクワを大きく振り下ろすので、足元に十分注意しましょう。

◆選び方のポイント

小規模菜園なら、用途範囲の広い平グワで十分でしょう。軽量で柄があまり長くないものが使いやすいです。畝づくり、除草、根切り、土ならし、軽度の開墾ができます。

ある程度広い農園で土を耕すのなら、開墾用のクワ（開墾グワ）にします。唐《とう》グワは、開墾、荒れ地起こし、根切りなどに向きます。刃先が3～4本に割れている備中クワは、田畑の耕作、粘土質の土地の開墾、土砕き、掘り取り、砂利の除去などで活躍します。全国に、作業に合わせた様々な形、名称のクワがあります。クワに限りませんが、柄が乾燥してガタがあるとクワの部分が外れて飛んでしまうことがあるので、取りつけ部分（クサビ）の確認が大切です。いずれにしろ、用途と環境に合ったクワを選択します。農家は数種類のクワをそろえ、使い分けています。

なお、庭や花壇の造成では、丈夫な太い爪が4本に分かれている英国製のガーデンフォーク（ディギングフォーク、68ページ参照）が、とても使いやすくおすすめです。

◆手入れと保管

使用後は水洗いして泥などを落とし、水気を拭き取ってから本体にシリコンスプレーなどを塗布します。

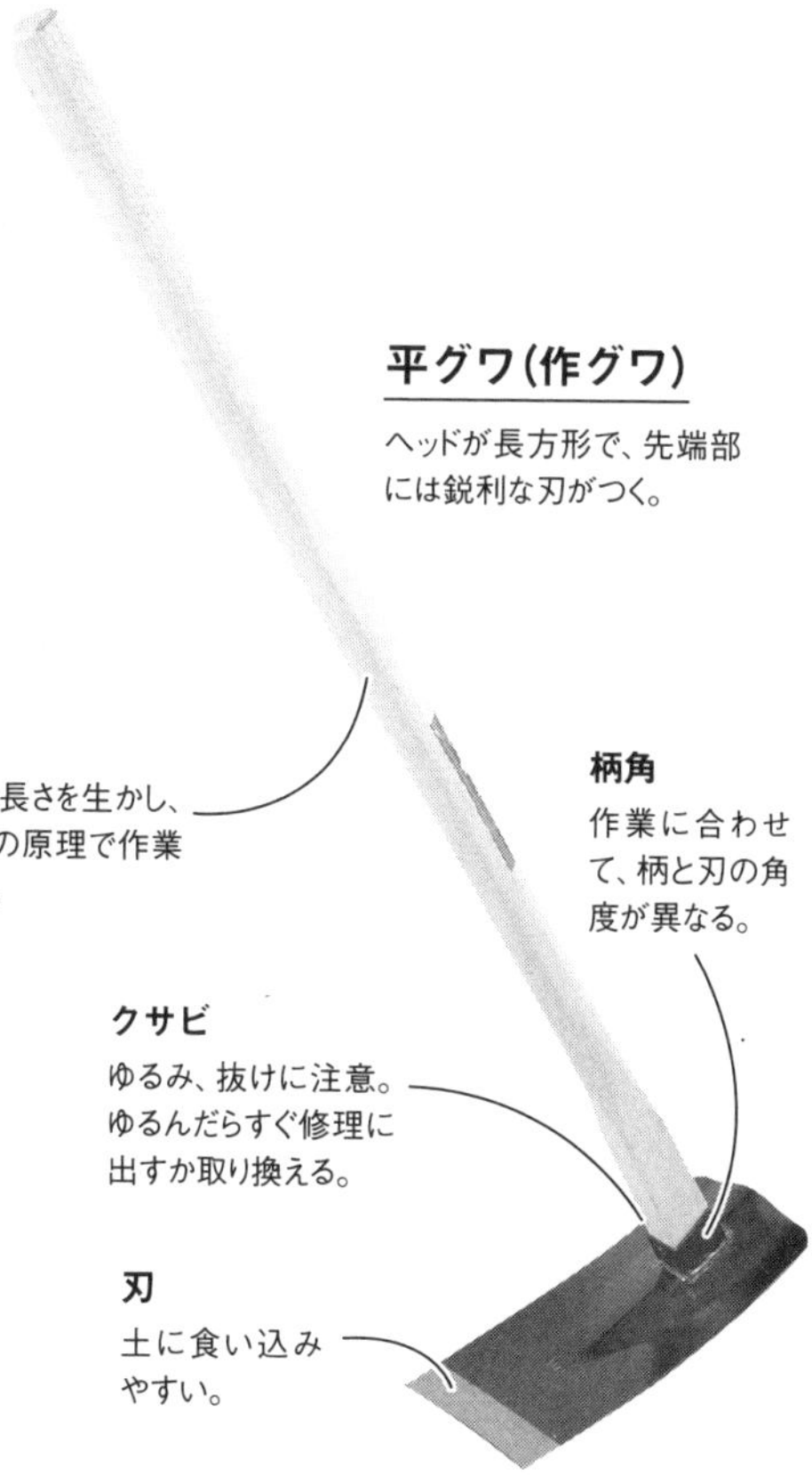

平グワ（作グワ）

ヘッドが長方形で、先端部には鋭利な刃がつく。

柄

柄の長さを生かし、テコの原理で作業する。

柄角

作業に合わせて、柄と刃の角度が異なる。

クサビ

ゆるみ、抜けに注意。ゆるんだらすぐ修理に出すか取り換える。

刃

土に食い込みやすい。

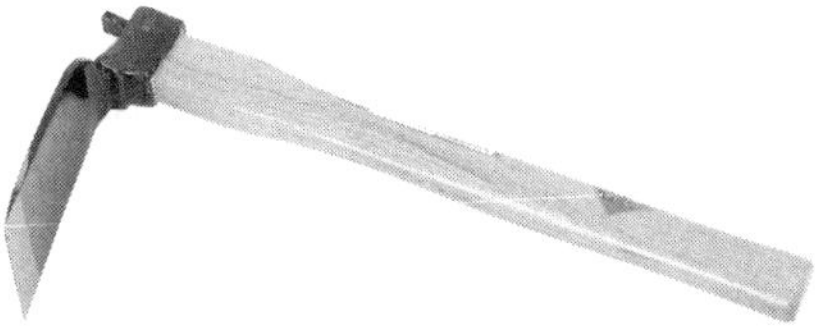

片手グワ

手軽で花壇の模様替えや植え替えなどにも便利。

達人の一言

クワには、一般的で万能な平グワ、開墾などに適した唐グワ、刃が3～4本に分かれ耕作に適した備中クワなどがあります。

Q スキとクワの違いがわかりません。便利なのですか？

ここがコツ！

スキは土を掘り起こす道具で、イモ類の収穫などに便利です。

◆スキは掘る、クワは耕す日本古来の道具

スキ（鋤）とクワ（鍬）は漢字が似ていて、農家でなければ違いがわからない人が多いかもしれません。ただ、地鎮祭などではスキ、クワ、カマが飾られるので、知らずに見ている人も多いのではないでしょうか。

スキは農作業で使われる道具の1つで、土や根を切りやすく、土を掘る、耕す、根を取るなどの作業に使われます。特にイモ類などの収穫で活躍します。ショベルとスコップの中間のような形をした踏鋤《ふみすき》は、機能的にはショベルと同じような役割です。

スキは軽量化され使い回しがよく非力の人にも扱いやすいのですが、家庭用ではショベルやスコップのほうが普及していると思われます。

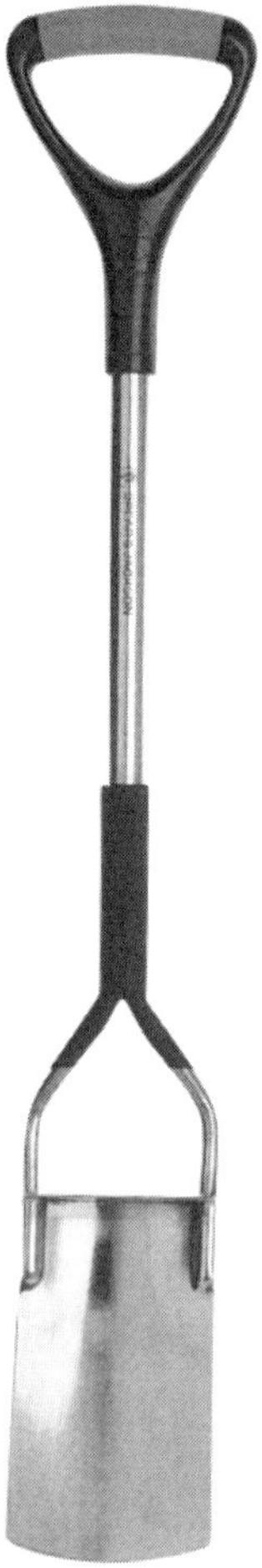

スキと似た形のショベル。

Q 花壇や庭、菜園の掘り起こしや掘り起こし後に便利な道具はありますか?

ここがコツ!

フォークとレーキを使ってみましょう。どちらも意外と多用途です。

◆**主役の道具ではないが、よい仕事をします**

土の掘り起こしはショベルやクワの役目と思い込みがちですが、**硬い土の掘り起こしには、ガーデンフォークが最適です**。刃先が分かれているので、土離れがよく、どんどん耕せます。備中グワと同じ原理です。

ガーデンフォークは、イギリスでは庭仕事に欠かせない道具で、雑草取りや堆肥の攪拌、干し草の扱いなどに活躍します。手元の作業に使いやすい、ハンドフォークも便利です。

土の表面をならす道具全般を、「レーキ(Rake)」といい、「クマデ」とも呼びます。両者に明確な違いはなく、一般には大型のものをレーキ、小型のものをクマデとしています。

レーキは柄の先にくし型の爪がついており、耕した後の整地、中耕(硬くなった植え土をほぐすこと)、用土と肥料の混ぜ合わせ、落ち葉の掃除などに使います。土をならす作業や中耕は、初心者にはあまり大切ではないと思われがちですが、その後の生育に大きくかかわります。出番が多いわけではありませんが、慣れるととても便利な道具です。

立った状態で使用するタイプと、しゃがんで片手で使用するタイプに分かれます。多くの種類があり、名称は、爪(歯ともいう)の数や有無、形状、輸入された当時の名前などにより、様々です。

◆**選び方のポイント**

柄の長さ1・2mほどのフォークやレーキがそれほど重

くなく立って楽に作業でき、人気です。フォークは土起こし、レーキは土ならしから花が咲き終わった花壇の手入れ、古い茎や根、小さな石の除去などが行えます。細かい作業を行う場合は、ハンドフォークが便利です。

◆手入れと保管

使用後は水洗いしてブラシなどで泥や汚れを落とし、乾いた布で水気を拭き取ります。

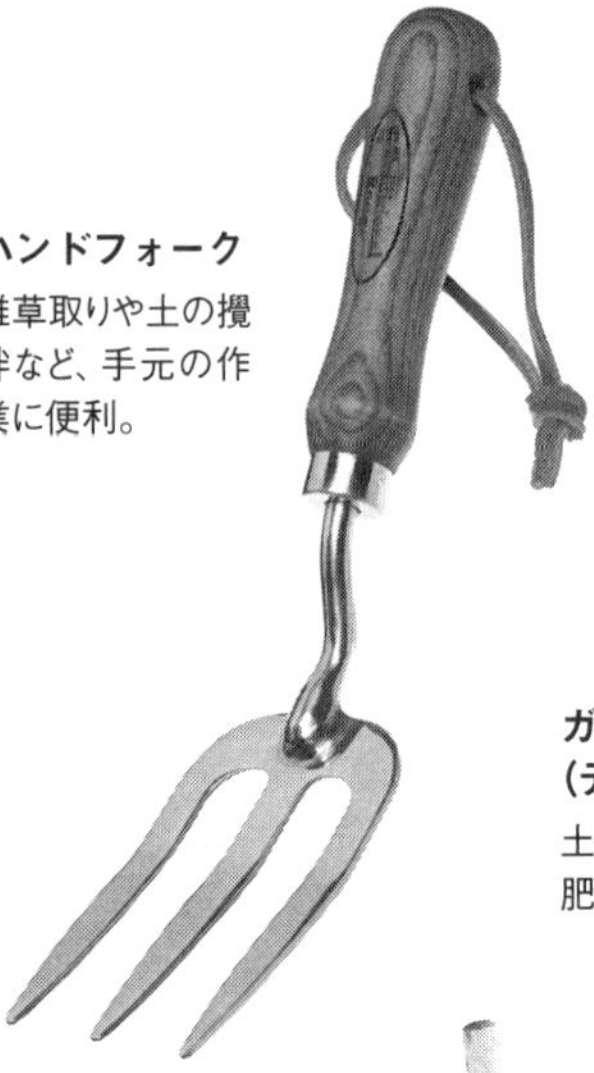

ハンドフォーク
雑草取りや土の攪拌など、手元の作業に便利。

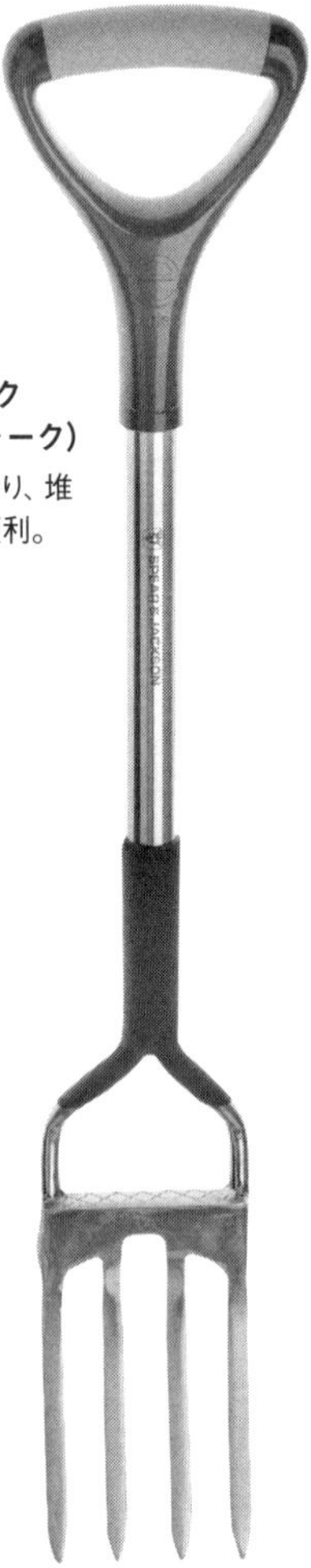

ガーデンフォーク（ディギングフォーク）
土を掘り起こしたり、堆肥の攪拌などに便利。

レーキ
ヘッドの爪の数で、8本レーキと12本レーキなどがあり、12本が一般的。

園芸、菜園は、仕上げの整地作業はとても大切。

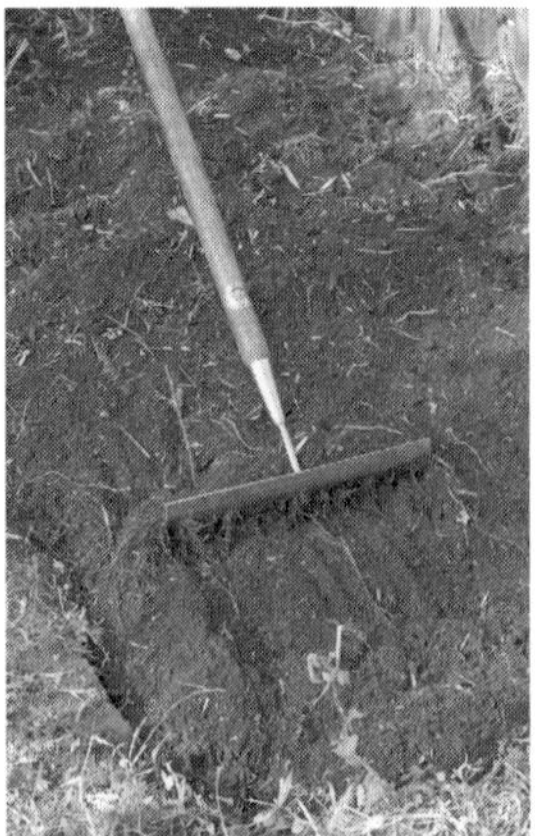

Q 広い面積を耕したいです。人力では無理ですか？

ここがコツ！

耕うん機の出番です。

◆重労働から解放してくれる味方です

面積が広い場所を耕す時に便利なのは、やはり耕うん機です。農家はもちろん、家庭菜園用に適した機種も販売されており、耕地面積や用途に合わせて選べます。

機能も耕すだけではなく、畝立て、中耕、除草、土寄せなどにも利用でき、幅60cmの花壇から重宝します。

機械ですので、使用の際は、ローターに巻き込まれないように注意します。

◆選び方のポイントと手入れ

耕地面積や用途をよく考え、大きさを選びます。手入れはローターに十分注意し、マニュアルに従って管理します。

小型耕うん機

カセットボンベを燃料にしている機種もある。

達人の一言

耕うん機は、使い慣れると作業が本当に楽になります！

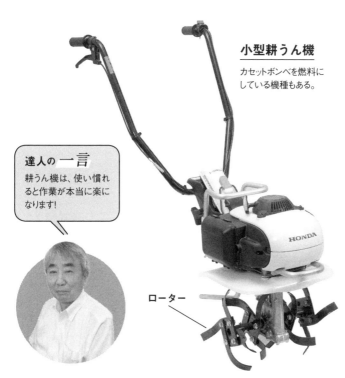

Q 掘る道具のメンテナンスはどうしたらよいですか？

ここがコツ！

使用後はすぐに汚れを落として、水気のないところで保管しましょう。

◆土が固まる前に作業しましょう

掘る道具は、つい面倒になって土がついたまま放置すると、さびやすくなります。使用後は泥や汚れを落として、雨の当たらない場所に保管しましょう。

また、木製の柄のものは柄を濡らして水分をふくませ、余分な水分を拭き取っておきます。

移植ゴテ

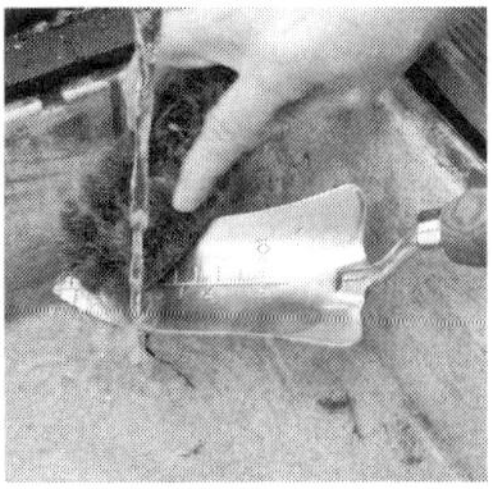

1 泥や汚れを洗い流す。

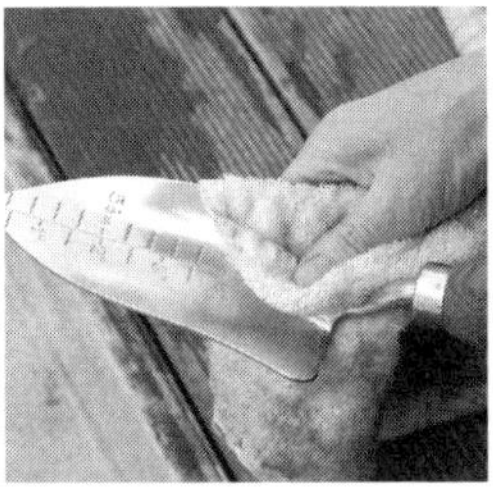

2 水気を拭き取る。

ショベル

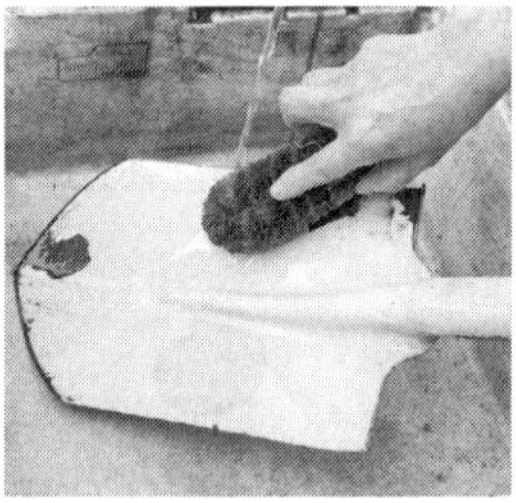

1 泥や汚れを洗い流す。

2 水気を拭き取る。

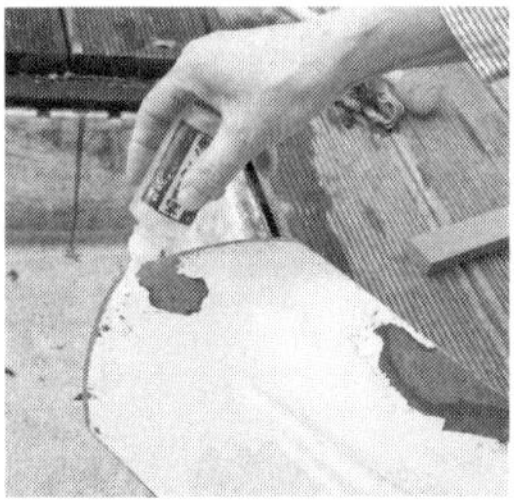

3 刃のあるものは、刃の部分にオイルやシリコンスプレーなどを塗る。

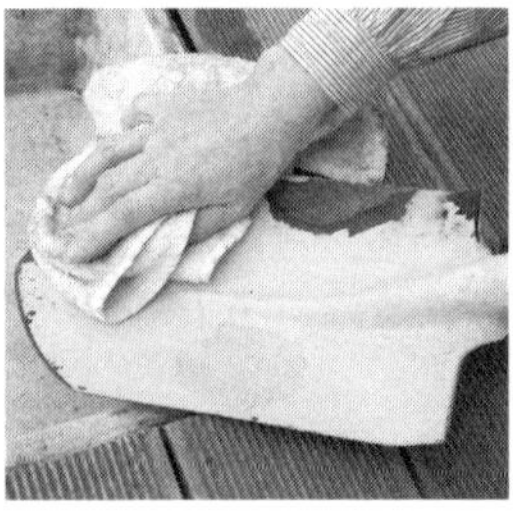

4 古ぎれなどでなじませる。

Chapter 3

まく道具の選び方と使い方

Q

ジョウロはどんなものがよいでしょうか？

ここがコツ！

デザイン性よりも実用性で選びましょう。正しい使い方をマスターしましょう。

◆ハス口《くち》が取り外しできるものを選びましょう

ジョウロ（ジョーロ）は古くから使われている散水道具の1つです。「ジョウロ」とカナで記載されていますが、漢字では「如雨露」などと書き、「雨露のように植物に水をかけ」ます。明治時代の輸入品は英語で「ウォータリングカン」と表記されていました。

ジョウロは主に鉢栽培で活躍し、鉢への水やりやタネまき、球根や苗の植えつけなどで使用する他、露地栽培で水やりが必要になった時などでも使用します。なお、**室内の植物の水やりは、水差しの使用が一般的です。**

鉢栽培の水やりは、「土の表面が乾いたら鉢底から水が出るまでたっぷりやる」のが基本ですが、理想は植物の状態などを確認しながら水やりの判断をします。そのため「水やり3年（5年）」の格言があるように、水やりの習得には時間がかかります。**水やりの時に植物の状態を毎回よく観察することが上達への早道であり、植物栽培の楽しみです。なお、水やりの時に少しだけ水をかけるのはNGです。必ず、鉢底から水が出るまで続けます。**

水やりは土が跳ねたりタネが流失したりしないよう、目の細かなハス口を使い、やわらかな水流を心がけます。ハス口は上向き（やわらかい水流）にしたり、下向き（勢いのある水流）にすることで、水の勢いが変えられるので、取り外したり方向を変えたりできるものを選びましょう。ハス口がない状態で水やりする場合は、注ぎ口を片手の手のひらで覆い、水流を調整しながら与えます。土が跳ねると、病気が蔓延する原因になります。

切る
掘る
まく
便利
身につける
歴史

英国型ジョウロ　筒部が長め。やわらかな水流が得られ、水やりしやすい。

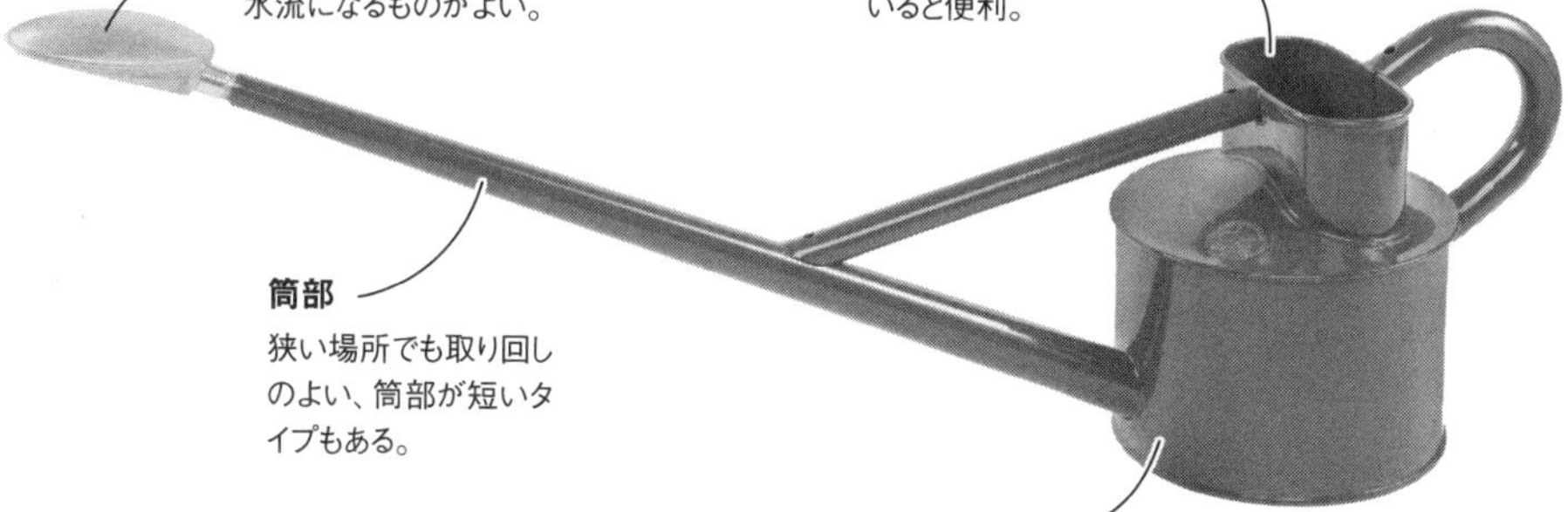
ハスロ
ハス口が取り外せるものがよい。また、やわらかな水流になるものがよい。
注水口
落ち葉などが入らないように、ネットがついていると便利。
狭い場所でも取り回しのよい、筒部が短いタイプもある。
タンク
水量が多いほど重くなるので、持ち運びを考えて選ぶ。

なお、ジョウロのデザイン性を生かして、庭やベランダに飾ってディスプレイするのも楽しいものです。

◆選び方のポイント

明治時代に欧米から主に2種類のジョウロが輸入されました。ミルク缶を改造したタイプと筒が長いタイプです。ミルク缶タイプはあまり普及せず、繊細な水やりができる筒が長いタイプを当時の日本の職人が発展させ、「英国型ジョウロ」として現在も販売されています。

持ちやすく、やさしい水流をつくりやすく、目の細かなハス口を着脱できるものがおすすめです。ジョウロは水を入れると重くなるので、大きさは自身の体力と必要な水の量を考えて決めます。材質は銅製がよいとされますが、プラスチック製でも問題ありません。ただし、プラスチック製は屋外に放置すると劣化が早まるので、直射日光や雨の当たらないところで保管します。

鉢花や観葉植物など、少量の水やりや繊細な水やりには、水差しが便利です。

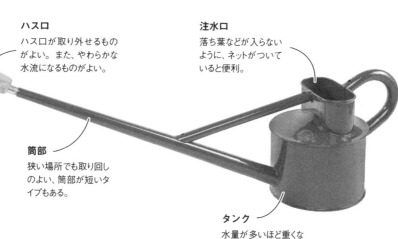

◆手入れと管理

いずれも使用後はタンクや筒内に入ったゴミを取り除き、水気を切って逆さまにして保管します。

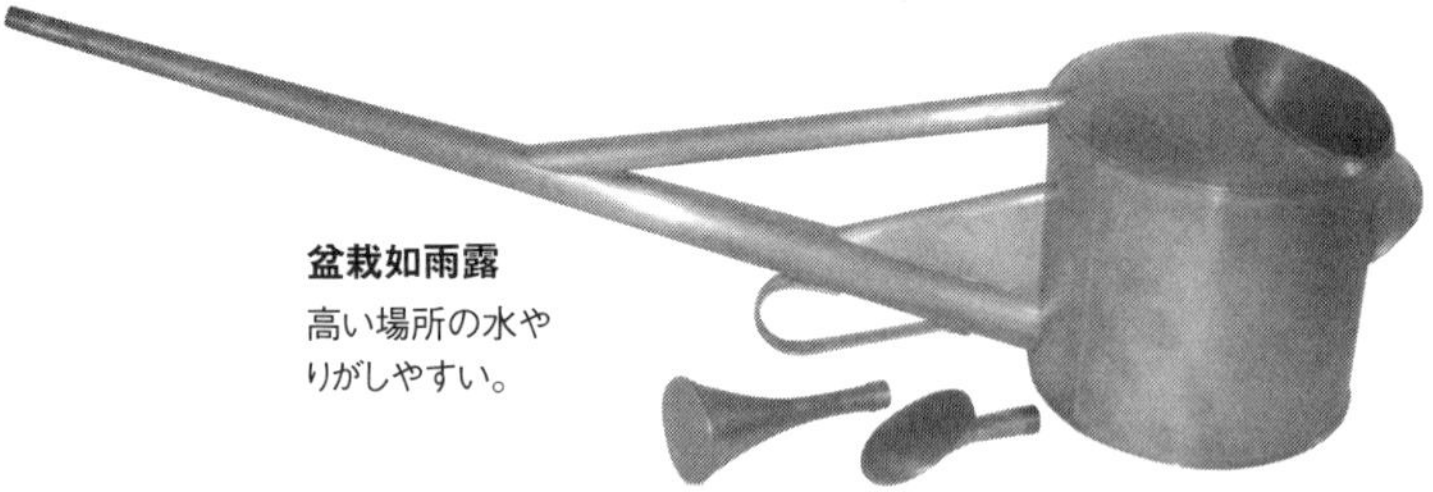

盆栽如雨露

高い場所の水やりがしやすい。

プラスチック製ジョウロ

軽くて安価。安っぽさが残念。

トラディショナルなジョウロ

昔ながらのミルク缶タイプは、実用性があまりない。

水差し

主に室内の鉢花や観葉植物の水やりに使用する。近年、多肉植物の人気により需要が高まっている。

小型の水差し

達人の一言

たっぷり水やりするといっても、乱暴な水やりは厳禁です。土が跳ねないよう注意します。

Q ホースが詰まってしまったようです。なぜでしょう？

ここがコツ！

透明なホースは避けましょう。ホース内に藻が発生することがあります。

◆ホースでの水やりは便利だが水流に注意

散水ノズルとホースは、中断することなく広い範囲の水やりができる、水やり作業の強い味方です。

まず、ホースは内径12㎜、15㎜、18㎜があり、家庭では15㎜が一般的です。内径が大きいほど水量が多く、鉢の数が特に多い場合などは内径の大きなホースのほうが、水やり時間が短くなります。

ホースの先には散水ノズルをつけておくと、ひねるだけで霧・広角・シャワー・ストレート・止水などが操作できます。また、蛇口用のジョイントを取りつければ、ワンタッチでホースと水栓の着脱ができます。ただし、メーカーによりアタッチメントの形状が異なるので注意してください。

ホースリールなどを使用している場合、ホースをすべて取り出してから水を通すことが基本です。巻いたまま水を流すのは、あまりよくありません。

◆選び方のポイント

ホースと散水ノズル、フレームが一体になっている製品が多く流通しています。折れにくい耐圧防藻折れ防止ホースや、ホースがコイル状や伸縮して収納の手間が少ないホースなどもあります。

まず、ホースは水圧で破裂しにくくホース内部に藻が発生しにくい、**耐圧防藻ホースで、必要な長さに近く、できれば内径15㎜以上のものを選びます。**

悩ましいのは、散水ノズルの出来が、メーカーによって

切る
掘る
まく
便利
身につける
歴史

差があることです。実際に使ってみないとわからず、店頭で試すことができにくいので、店員か使用している知人などに不具合などがないか確認するとよいでしょう。散水ノズルは、ワンタッチで水が出しっぱなしになる機能のついたものが便利です。

なお、散水ノズルは単体でも販売されており、プロは不便でも壊れにくい金属製で機能の少ない単純な形状のものを選ぶことが多いです。

ちなみに、肥料を一定の倍率で希釈しながら散水できる製品もあります。液体肥料の葉面散布などの時に便利です。

◆手入れと保管

使用後はホースを巻き、蛇口を閉めておきます。散水ノズル側で止水しているケースがありますが、水用のホースはガス用のホースほど丈夫ではなく、紫外線にさらされていると劣化して突然破裂することがあるので、必ず蛇口で止水してください。また、散水ノズルやジョイント機具が壊れることがあります。

散水ノズル
水流が手元で可変でき、とても便利。メーカーにより完成度に差がある。

ホース
太さ、素材により様々。細いものは水圧が低くなる。耐圧防藻ホースを選ぶ。

ホースとホースリール
ホース、ホースリール、散水ノズルのセットで販売されていることが多く、持ち運びしやすい。

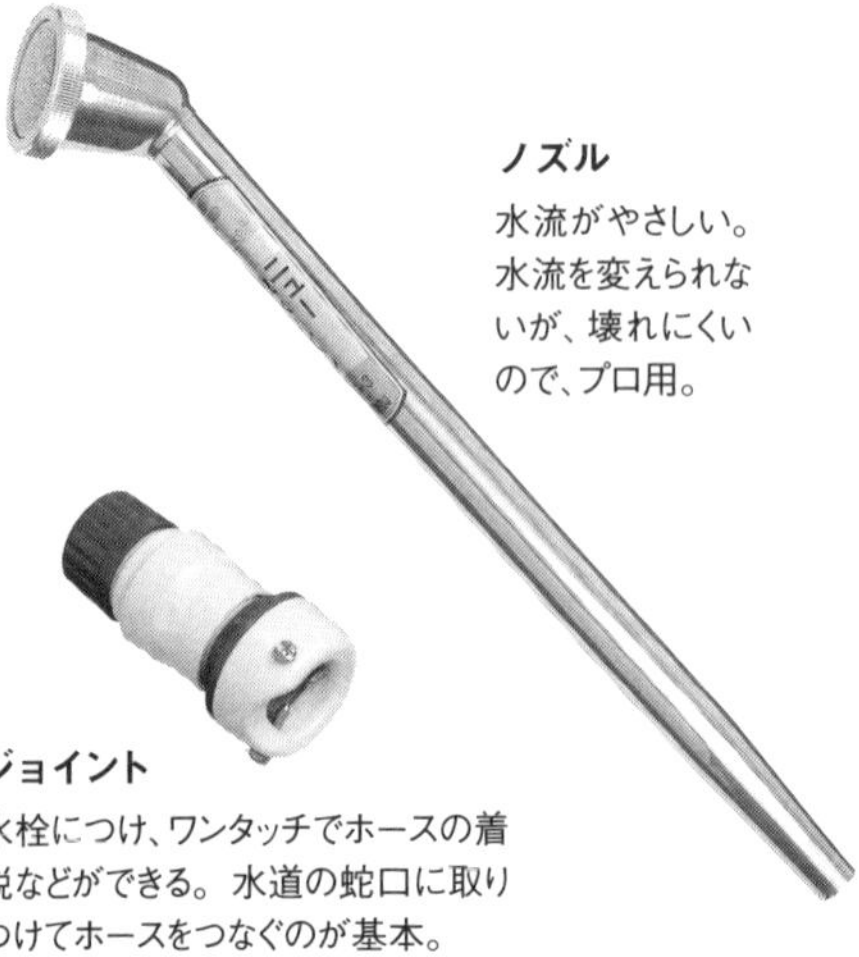

ノズル
水流がやさしい。水流を変えられないが、壊れにくいので、プロ用。

ジョイント
水栓につけ、ワンタッチでホースの着脱などができる。水道の蛇口に取りつけてホースをつなぐのが基本。

Q 楽に水やりをする方法はありますか？

ここがコツ！

自動水やり装置が便利です。

◆**留守中でも、植物を水切れから守ります**

毎日忙しい人、出張や旅行で留守になりがちの人、鉢の数が多い人は、定期的に水やりができず、真夏に限らず鉢植えの植物を枯らしてしまうことがあります。

そのような時は、自動水やり装置を利用するとよいでしょう。鉢植えだけでなく、露地栽培でも芝生、花壇、乾燥地、水を好む植物などに有効です。

自動水やり装置は、タイマーを利用してノズルで植物に与えるもので、水栓に直結させるものと、タンクなどから給水するものがあります。直結タイプは水栓を開いたまま使用するので水漏れに気をつけ、タンクタイプはタンクの水の容量に気をつけます。

ノズルには点滴タイプのものと噴霧タイプのものがあり、通常は点滴タイプが多く、葉面散布などをする場合に噴霧タイプのものが使われます。必ずタイマーを作動させてテストをしてから使用しましょう。

◆**選び方のポイント**

植物の数や性質、使用目的に合わせて選びます。

◆**手入れと保管**

水栓直結のタイプは特に普段の手入れは必要ありませんが、時々水がきちんと出ているか、タイマーが作動しているか確認しましょう。留守にする時だけなど、スポット的に使用する場合は、使用後は汚れを落として水気を切り、電池を抜いておきます。

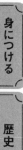

自動水やり装置

電池式やコンセント式があり、灌水時間、水量などを調節できる。メーカーによりノズルや散水方式が違う。

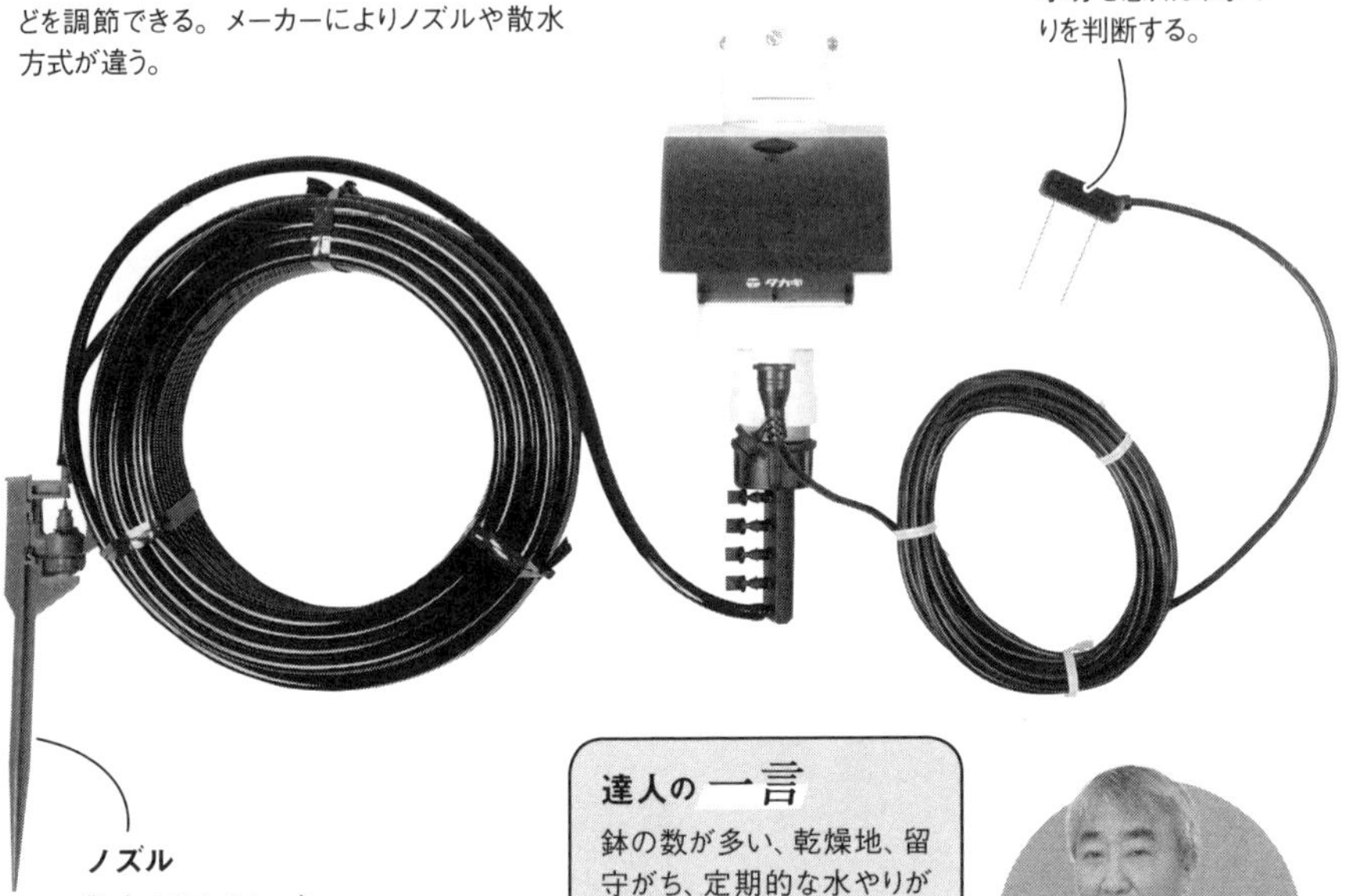

水分センサー

水分を感知し、水やりを判断する。

ノズル

散水するものと、点滴のように給水するものなどがある。

達人の一言

鉢の数が多い、乾燥地、留守がち、定期的な水やりが必要な場合に便利です。

散水もできる。

留守中の鉢への水やりの時などに便利。

Q 旅行中の鉢の水やりはどうしたらよいでしょうか？

ここがコツ！

ペットボトルを再利用する商品が人気です。100円ショップで購入できます。

原理を理解して設置しないとうまく給水できないことがあります。同じような原理である底面給水鉢も留守がちの人におすすめです。

また、鉢の中の水分が不足すると水分を放出する「水分保持剤」も便利で、土壌改良材としても利用できる商品があります。比較的廉価な自動水やり装置もあり、散水時間や水分量が調整できるので安心です。

◆便利グッズが続々登場

長期間の不在となると、定期的に水やりしなければならない鉢などには自動水やり装置か水やりを頼むなどの手当てが必要ですが、短期間の不在ではそこまでする必要がないので、悩ましいところです。**最近は、留守中の水やりの製品がいろいろ販売されています。特に100円ショップの商品は価格的にも手軽です。**

ポピュラーなのは、ペットボトルに給水キットを取りつけて土に直接差す商品です。簡単ですが、メーカーにより給水口の穴の大きさが違ったり、給水量の調整ができないのが難点です。

毛細管現象を利用した商品もあります。鉢と水を入れたペットボトルを水に浸したひも状の布でつなぐだけです。

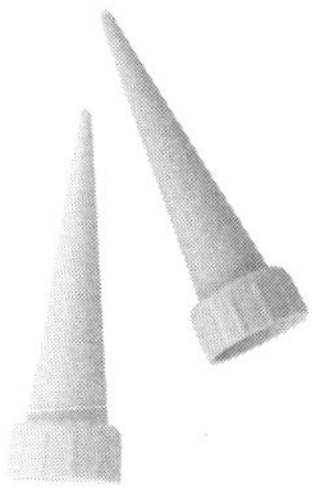

ペットボトルに給水キットをセットするだけなので、手軽に使用できる。

手軽な留守中の鉢の水分補給

短期間、留守にする場合の応急処置なので、帰宅後はしっかり水やりする。

新聞紙の利用

新聞紙を適当な大きさに切って丸め、濡らして鉢土の上に置く。新聞紙が乾いても鉢土への直射日光を防いでくれる。

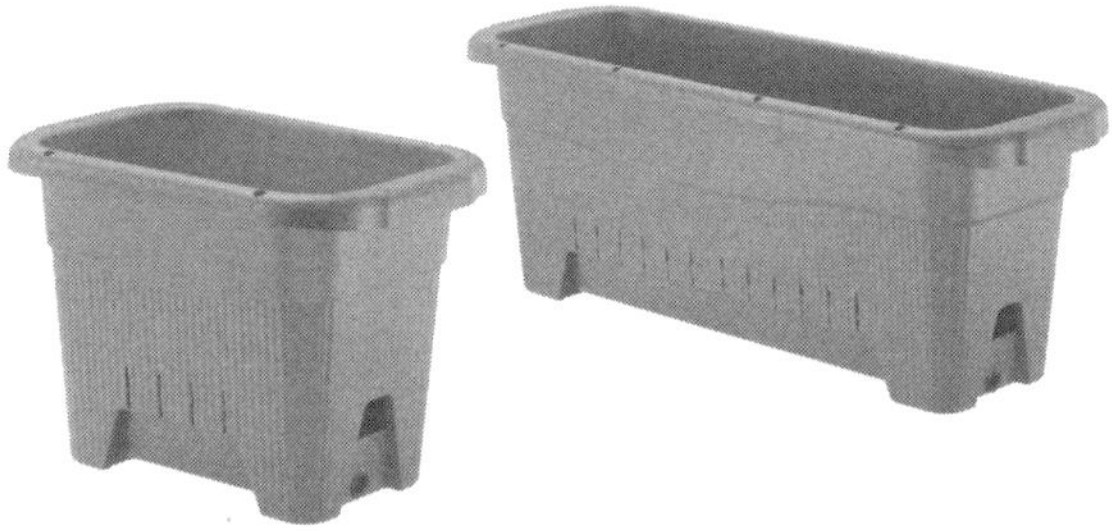

野菜用底面給水鉢の利用

根腐れせずに鉢の底に水をためておけるので、暑い時期や旅行などで留守にしても水切れしにくい。本来、野菜用のプランターだが他の植物の栽培可能。

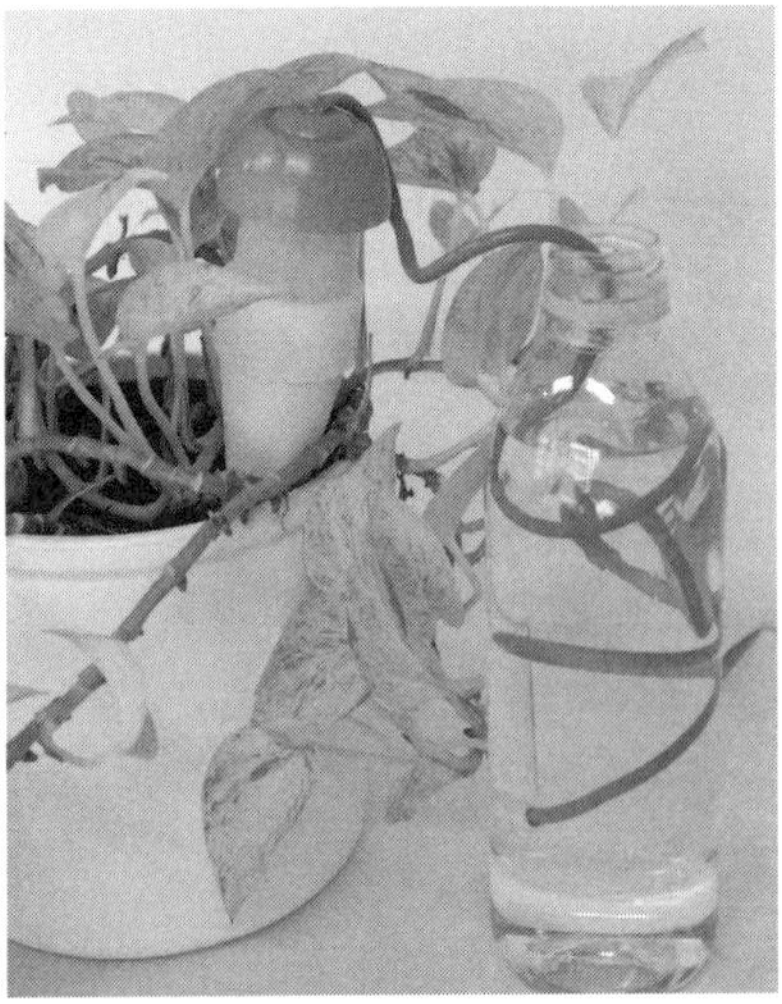

毛細管現象を利用した給水用具

ペットボトルを利用し、セットするだけで簡単に給水できる。セットした時に給水されているか確認してから留守にする。

ミズゴケの利用

ミズゴケを水を張ったバケツなどに入れ水を十分に吸わせ、鉢土の上に盛る。

Q どんな種類の農薬があるのでしょうか？選ぶ時のポイントはありますか？

ここがコツ！

病害虫の生態を理解し、農薬の種類を知ることが大切です。

◆農薬の分類方法は2つ

農薬には「作用性」と「剤型」という、2つの分類方法があります。

作用性では、①害虫を退治する殺虫剤、②病気を防ぐ殺菌剤、③害虫と病気の両方に効く殺虫殺菌剤、④雑草を退治する除草剤、⑤発根・生育など植物の生理機能に影響を与える植物成長調整剤などに分類されます。

さらに殺虫剤には、①直接害虫に散布する接触剤、②葉などに付着させ害虫に食べさせる食毒剤、③食毒剤の一種で、薬の成分を根や葉から吸収させることで植物自体が殺虫効果をもつ浸透移行性剤、④害虫を誘引して食べさせて退治する誘殺剤などに分けられます。

同様に殺菌剤は予防殺菌剤と治療殺菌剤に、除草剤は茎葉に散布し葉から吸収させて除草効果を発揮する種類と地面にまいて根から吸収されて除草効果を発揮する種類があります。

剤型には、①水で希釈して噴霧器で散布する液剤、乳剤、水和剤など（少量の薬で大量の散布液がつくれ経済的）、②薄める手間がなくそのまま使用できるスプレー剤（AL剤）やエアゾール剤、③主に土にまくか混ぜるだけの粒剤やペレット剤などがあります。

道具が必要になるのは、①の水で希釈して植物に散布するタイプで、噴霧器が使用されます。噴霧器にはたくさんの種類があります。使用面積や予算などに合わせて選びます**（83ページ参照）****。**

薬剤の希釈方法と散布

散布する薬剤や肥料などは、容量、用法、散布方法を守ることが大切。事前に薬剤の場合は混合が可能かどうか、希釈率を調べておく。

1 必要な薬剤、噴霧器、水を準備する。

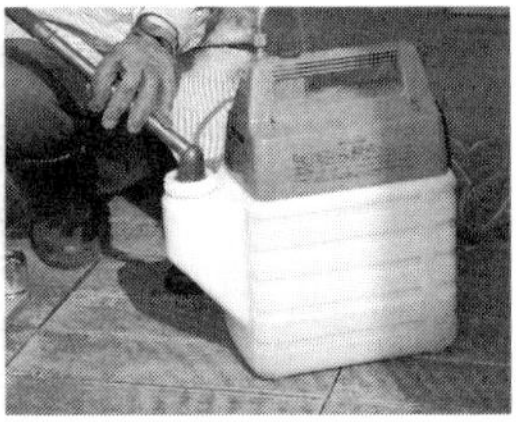

2 先に規定量の水を入れる。

3 規定量の薬剤を量る。

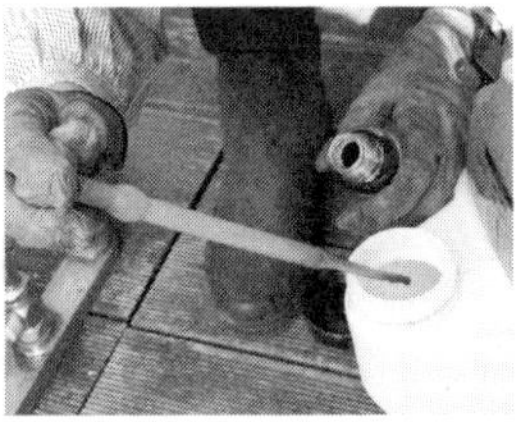

4 薬剤を入れ、よく攪拌させる。

5 長袖、長ズボン、手袋、マスク、帽子など薬剤散布の対策をして風のない晴天の日に散布する。

6 薬剤は葉の表側だけではなく、裏側までしっかりかける。

◆薬剤の選び方

選び方のポイントは3点あります。

1点目は防除したい病害虫をはっきりさせ、効果のある薬剤を選ぶことです。広範囲の害虫（病気）に効果のある薬剤、特定の害虫（病気）に効果のある薬剤があります。

2点目は散布面積です。広範囲に散布する場合は少量の薬剤で多量の散布液がつくれる乳剤や水和剤を使用し希釈するタイプ、散布面積が狭い場合は手軽に使用できるスプレー剤やエアゾール剤のタイプが便利です。

3点目は散布する植物です。特に、野菜や果樹など食用作物に散布する時は食の安全性の観点から、ラベルの「適用病害虫名と使用方法」の一覧表に目的の野菜や果樹名が記載されている薬剤を選ぶことです。毒性試験、直接散布しての残留量など様々な試験の結果、使用時期・使用回数を厳守すれば一生涯食べ続けても安全と確認された野菜名などが記載されているのです。野菜類、果樹類と記載されていますと、すべての野菜、果樹に使用することができます。いずれにしろ、**使用する農薬により、散布できる植物と対象になる病害虫が決まっているので、説明書をよく読んでから使用します。**

Q 農薬を散布したいのですが、噴霧器は必要ですか？

ここがコツ！

植物の数や面積に合わせて、噴霧器を使いましょう。

◆噴霧器を使って安全に作業を

農薬には、①水に薄めて使用するタイプ（液剤、乳剤、水和剤など）、②水で薄めずそのままスプレーできるタイプ、③土にばらまくか混ぜるタイプ（粒状やペレット状）があり、①のタイプの農薬の散布には、ヒシャクなどでかけられないので、噴霧器が使われます。明治時代に欧米から輸入された噴霧器は、バケツなどにつくった溶液を水鉄砲のようなもので吸い上げて散布しました。現在では、タンク内にためた圧力で溶液を噴霧する蓄圧式噴霧器（全自動噴霧器）やポンプを利用して噴霧する半自動噴霧器の他、電動式噴霧器、充電式噴霧器、電池式噴霧器が流通しています。

蓄圧式噴霧器はタンク内に圧力をかけて溶液を噴霧するもので、一度圧力をかけると比較的長時間、噴霧できます。そのため全自動式噴霧器ともいわれます。

半自動式噴霧器はハンドルを動かすとタンク内のシリンダーが圧力をつくり溶液を散布します。ハンドルを動かしている間は散布が途切れません。

電動式、充電式、電池式の噴霧器はスイッチを押すだけで噴霧できます。電動式はコードの長さの制約があり、電池式はやや噴霧力が弱い傾向があります。いずれにしろ、電気を使う機械で水を扱うので、管理、手入れに気をつけます。

◆選び方のポイント

散布する面積が小さい（もしくは株数が少ない）場合は、

市販のスプレー式の農薬で十分です。自分で原液を希釈して使用する場合などは、ノズルがついた園芸用ハンドスプレー（霧吹き）がおすすめです。蓄圧式ハンドスプレーは圧をためるとレバーを握るだけで噴霧します。

ある程度散布面積がある場合は。肩からかけるか背負うタイプの蓄圧式噴霧器、さらに広い場合は電動式、充電式、電池式の噴霧器にします。いずれも片方の手があくので作業しやすく、高所にも対応しやすいです。

半自動式噴霧器機はタンクの容量の大きなものがあり、広い面積の散布が一度にできます。ただし、たえずハンドルを動かすため両手がふさがるので、畑や道路部分に除草剤をまくなど、腰から下への散布に向いています。

◆手入れと保管

余った農薬は使い切るか廃棄します。水でノズル、タンクを洗い、ノズルは洗浄のために水を通します。水気を切り、機械部分は乾いた布で拭き、電池は抜き、雨や湿気のない冷暗所などで保管します。

ハンドスプレー

レバーを握ることでスプレーする。手元の鉢への散布向け。

蓄圧式噴霧器

ピストンを手動で上下させ空気を圧縮し、噴霧させる。本体を肩にかけ、移動しながら散布できる。

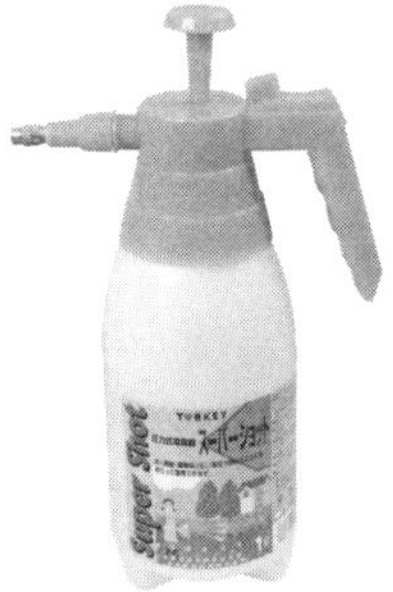

蓄圧式ハンドスプレー

蓄圧式噴霧器と同じ構造。噴霧面積が小さい場合に向く。

達人のおすすめ

ダイヤスプレー プレッシャー式噴霧器（フルプラ）A

プラスチック製で軽くて丈夫な蓄圧式噴霧器。

電動式噴霧器

蓄圧式よりもパワーがあり、薬剤の付着がよく、ノズルを高く伸ばしても散布できる。散布数が多い、高い場所に散布する場合などにおすすめ。

Q 農薬を使わず、病害虫から植物を守りたいです。

ここがコツ!

栽培方法や資材の活用で病虫害を軽減できます。

◆病害虫の発生を抑える栽培のヒント

ちょっとした栽培の工夫で病虫害を抑制できます。

- 健全な苗を選びます。
- 密植を避け、風通しをよくします。
- 高畝にするなど水はけをよくし、土壌病害を受けにくくします。
- 連作を避け、病原菌や害虫が集まるのを避けます。
- 雑草を生やさないようにして、病害虫の伝播を抑制します。
- 肥料を与えすぎないようにします。チッソ肥料を与えすぎると軟弱に育ちます。
- ハチやクモなど、害虫の天敵を大切にします。

◆病害虫の発生を抑える資材類

資材類を活用して、病害虫を防ぐ環境をつくりましょう。

- 防虫ネットをかけて害虫から作物を守ります。ネットの端は土中に埋めてすき間がないように張ります。
- シルバーマルチは表面がピカピカ光るため虫が嫌がって近寄ってきません。ピカピカ光るテープなどを周辺や茎などに絡ませておくだけでも有効です。
- 除草シートを通路などに張り、雑草が生えないようにします。
- 黄色の粘着紙はアブラムシやコナジラミ、ブルーの粘着紙にはアザミウマが好んで集まるので捕殺します。

マルチングで病気と雑草を予防

ポリフィルムによるマルチングには様々な効果があり、黒フィルムは雑草や病害を防止する。

3 フィルムに穴をあけ、苗を植える。

2 必要なら要所をピンなどで留める。

1 フィルムの端を土などで留め、フィルムを敷く。

薬剤散布では、使い捨てできるビニール手袋が便利。

農薬散布時の服装

農薬を使用する前に、必ず説明書をよく読み順守する。

薬剤散布の作業では、メガネ（ゴーグル）を着用するとよい。

農薬を散布する時は、マスク、長袖、長ズボン、エプロン、100円ショップのビニール製のカッパなどを着用するとより安全。

農薬はピペット（スポイト）などで正確に量って希釈率を守り、散布回数を守ること。

Q 鉢（コンテナ）にはたくさんの種類があります。選び方を教えてください。

ここがコツ！

育てる植物と環境により、総合的に判断します。

◆植物がすくすく育つ家（鉢）選びをしましょう

植物は本来、地に根を張って生育しますが、鉢植えにすることで、身近で楽しめます。コンテナ、プランターなどとも呼ばれ、栽培器具として活躍します。多種多様な素材、大きさ、形状があり、どれを選べばよいのか迷ってしまいます。なお、鉢の大きさは、1号＝一寸＝約3cmで表記されます。例えば、5号鉢なら直径約15cmになります。

鉢を大別すると、底穴があるかないかで分けられます。多くは底に排水用の穴があいており、穴がないものは水耕栽培や鉢カバーなどに使用します。底穴の大きさは植物の生育にとって大切な要素です。次に大きな要素は材質で、樹脂系素材と天然系素材があり、植物の生育に大きくかかわります。さらに形状、大きさなどで分けられます。**植物の特性や環境により適する鉢は異なるので、鉢ごとのメリット、デメリットをよく理解しておきましょう。**

［プラスチック製（樹脂系）］

丈夫で軽く値段も比較的手ごろなものが多く、色やデザイン、大きさ、用途も様々で最も普及しています。軽くて取り扱いしやすく、移動が楽で、壊れにくく、保水性に優れます。半面、通気性が悪く、夏は鉢の中が高温多湿になり、冬は鉢内が冷え、根にダメージを与えやすくなります。

なお、プラスチック製のスリット鉢は、鉢の側面に切れ込みを入れ通気性を向上させ、植物の根がサークリング（丸まってしまうこと）しにくい構造になっており、育苗用としてプロ、アマ問わずとても人気があります。

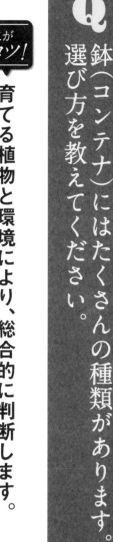

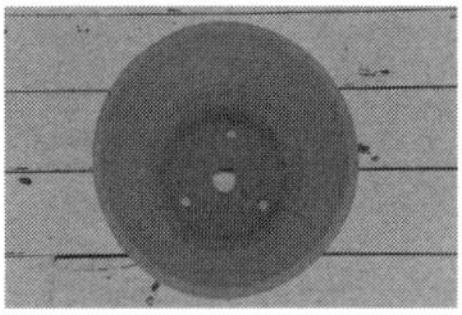
鉢底の穴が大きいほど、排水性、通気性がよくなる。ただし大きいほど用土の流出や害虫の侵入に気をつける。

テラコッタ
メーカーごとに色・形・厚みなどが異なる。通気性と排水性は素焼き系の中で最下位。

グラスファイバー製

スリット鉢

プラスチック製
保湿性が高いので、アジサイなど乾燥を嫌う植物に向く。また、水やりの回数が少なくなる。

【グラスファイバー製（樹脂系）】

ガラス繊維で形成された鉢で、**メリットは通気性がよく種類が豊富で本物のテラコッタと見まがうほど高級感もあり、軽くて割れにくいことです。**デメリットは比較的高価なことです。

【素焼き（テラコッタ）鉢（天然系）】

素焼き鉢は植物とよく調和するので人気の鉢です。メリットは通気性がよく根腐れしにくいことと高級感があることです。デメリットは鉢の中の用土が乾きやすい、重量がある、割れやすいということです。粗悪品は数年でボロボロ崩れることがあります。また寒冷地で凍結すると割れることがあります。

なお、高温で焼いたものが「駄温鉢」で、素焼き鉢より硬くて丈夫ですが、通気性はテラコッタより劣ります。

【陶器・化粧鉢（天然系）】

鉢の外側に釉薬を塗り、駄温鉢よりさらに高温で焼いています。観賞用として東洋ラン、盆栽、古典植物の化粧鉢として使われます。色が豊富で高級感があり、保水性がよい半面、重く割れやすく、釉薬がかかっているため、通気

つり鉢・ハンギング

つり鉢

ハンギング

化粧鉢（伝統鉢）

リサイクル材

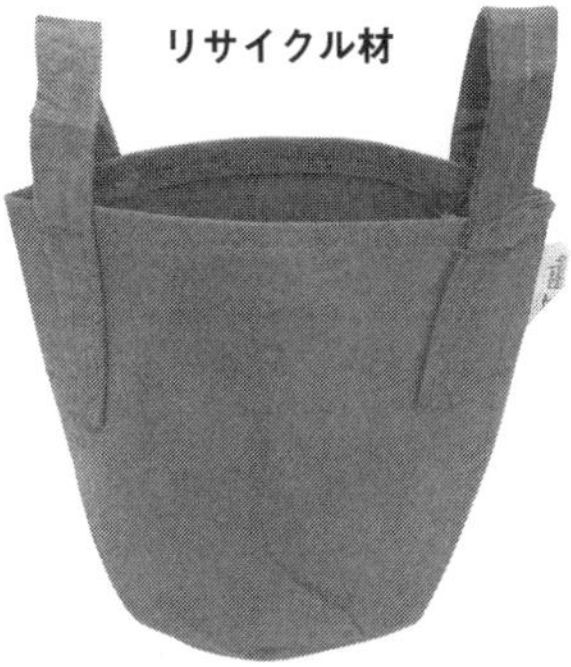

駄温鉢

緑に茶色の釉薬が塗ってあるのが特徴。釉薬のないものを「朱温鉢」という。

素焼き鉢

鉢壁の孔（穴）から水分が蒸散し、通気性と排水性が素焼きの中で最もよい。

できません。他の鉢で育て、観賞用に植え替えるのがよさそうです。

【紙製・リサイクル材（天然系）】

リサイクル材でつくられ、自然な色と質感が、どんな場所にも調和します。耐久年数は環境により変わりますが、通常使用で2年が目安。通気性と排水性に優れ、植物がよく育ちます。ただし、地面に直接置くと腐りやすくなるので、底上げして置きます。

【木製（天然系）】

焼き板や防腐加工した板でつくられています。植物と調和しやすく、通気性がよいのですが、水分を含むと重くなり、腐食しやすいので、地面に直接置くのは避けます。ポットフィートなどを活用しましょう。

なお、木くずなどを圧縮して成型したエコ素材の鉢もあり、使用後は燃えるゴミになります。

【ポットフィート】

鉢を地面に直接置くと、根が地面に届いたり、水はけが悪くなったりするので、ポットフィートなどで防ぎます。

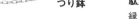

輻射熱《ふくしゃねつ》を緩和する効果もあります。材質や形状は様々です。スノコなどでも代用できます。

◆選び方のポイント

基本的には、通気性がよく、植える植物の根の特性に合った形状で、底穴が大きいものがおすすめです。しかし、どの鉢がよいかは、植物の特性、栽培環境、デザイン、価格、どれほど管理に手間がかけられるかで異なるので、総合的に判断して選んでください。

◆手入れと保管

使用後は雑菌や病害虫が残っているかもしれません。用土を出したら水とブラシで洗って保管します。

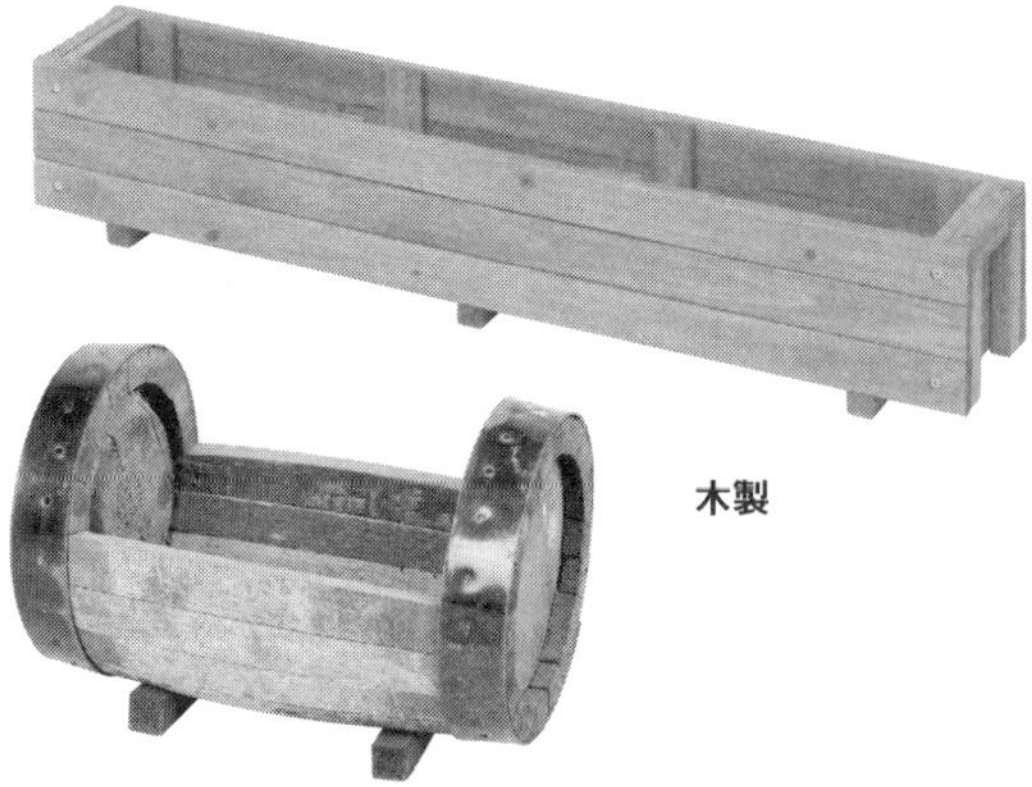
木製

達人のおすすめ
ワンダーポット（エリン）A

紙製

陶器の鉢を道具入れに。

ポットフィートで地面から離す。

コンクリート製のアーン（盃型の鉢）。

切る
掘る
まく
便利
身につける
歴史

Q 土を扱う時にあったほうがよい道具はありますか？

ここがコツ！

シート、鉢皿、フルイ、土入れがあると便利です。

◆1つずつそろえましょう

ベランダやデッキなどで土を扱うと、床やテーブルが汚れゴミが出ます。

作業ごとに掃除をするのは大変ですし、土がこびりついてなかなか落ちないこともあります。作業の前にガーデン用のシート（100円ショップのレジャーシートなどでもよい）やプラスチックのトレイなどを準備しておくと、汚れを気にせず作業でき、片づけや掃除が楽になります。シートやプラスチックのトレイは、赤玉土と腐葉土を混ぜるなど、用土の攪拌などにも使えるので、重宝します。

鉢栽培の植物を健全に育てる時に重要になるのが一手間をかけることで、フルイを使って培養土をふるって微塵《みじん》を取り除くと、植物が育ちやすくなります。フルイは古土を根と土に分別する時にも役立ちます。

◆選び方のポイント

シートなどは特に差があるものではないので、気に入ったものでよいでしょう。フルイはさびにくいステンレス製で直径30cm程度、網目の交換ができるものがよいでしょう。

鉢皿

フルイ

土入れ（土すくい）も便利。

Q タネまきが成功する道具はありますか？

ここがコツ！

サポート用品がたくさんあります。

◆育苗資材で失敗を少なくする

最近では苗を購入して栽培をスタートすることが多くなりましたが、タネが発芽し、成長し、開花や収穫するまでの楽しさは園芸の醍醐味《だいごみ》です。ぜひ味わってほしいものです。タネまきには、一度にたくさんの植物を育てられる、苗では入手しにくい珍しい植物が育てられるなどの利点があります。

庭や鉢、畑に直接タネをまくこともできますが、専用の資材を利用すると、失敗が少なくなります。タネまき用土を使用し、植物に適した容器を使用します。

挿し木も植物を手軽にふやせます。元の植物と遺伝子が同じなので、大切な植物のバックアップなどに重宝します。

［セル形成トレイ］

プラスチックで成形されたセル（区画）が連結し、1枚のトレーになっています。各セルにタネまきや挿し芽をし、発芽し根が十分に張ったら苗を抜いて植え替えます。セルが小さいほど乾燥に注意して水やりします。

［ピート類］

ピートモスや紙でできたポットで、トレーなどに入れて使用します。育った苗をポットごと植えつけられるので、植え替えの時に根を傷めることがありません。ポットは土に還ります。

吸水させてから使用するピートバンなどもあり、ビートバンは細かいタネの育苗に適します。

［ポリポット類］

ビニール製の容器で、いろいろな大きさのものがあります。大きなタネや挿し木などに使用されます。

［カバーつき育苗箱］

育苗箱にはセルタイプやトレイタイプのものがあり、カバーのついたものは寒さや乾燥から苗を守るので、失敗しにくくなります。

セル成形トレイ
育苗用の資材。多くの苗を生産できる。

ピートポット
発芽したらそのまま定植できる。

ポリポット
大きさが多様。
目的に合わせて選ぶ。

厚紙はタネまきの必需品。

育苗箱
苗を寒さや風から守る。

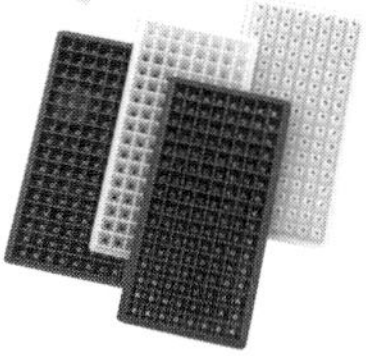

タネまき用のセット

達人の一言
大手種苗会社が販売するタネまき用のセットは、必要なものがすべてそろっているので便利です。

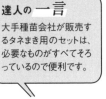

Q 鉢に苗を植える時に必要な道具はありますか？

ここがコツ！

仕上げに必ずラベルをつけましょう！

◆園芸は実学。経験を知識にするために

鉢への苗の植えつけ、植え替えでは、苗、鉢、培養土、鉢底石（場合による）が必需品ですが、その他に作業がスムーズになったり、生育中に大切なものもあります。

植えつけ、植え替えの道具の定番は手袋と移植ゴテですが、最も便利なのは、土入れかハンドスコップです。移植ゴテは土をすくう構造にはなっていないため、鉢に培養土を入れる時に不自由です。

鉢底ネットも必需品です。鉢底からの用土の流出と鉢底からの害虫の侵入を防ぎます。他に、培養土を混ぜたりゴミをまとめるトレイ、培養土を苗と密着させる突き棒（124ページ参照）があるとよいでしょう。

忘れてはいけないのは、ネームプレートです。苗や鉢にタグがついていることがありますが、デザインがバラバラで紛失しやすいものです。きれいにそろえるとよいです。品種名と樹種は必ず記録しておきましょう。裏側に植えつけ日や作業データを書き入れておくとよいでしょう。名前がわからなくなると、管理に影響することがあります。雨風で飛ばされたり、植え替えの時になくさないように気をつけます。油性マジックは年月が経つと消えてしまい、鉛筆は消えにくい傾向があります。いずれにしろ、毎年チェックします。ラベルは花壇や菜園でもつけるようにしましょう。特に野菜や果樹の栽培では記録があると重宝します。

植え替えでは、根が鉢に張りついて、鉢から抜けないことがあります。そのような時は、鉢の側面に沿ってヘラや山菜掘りを使ってはがすとよいでしょう。

達人の一言

植物の品種名がわからなくなってしまうと、面白さも半減。ラベルを必ずつけましょう。植え替えの時に紛失しないように気をつけます。

ラベル類とペン

タネ袋をそのままラベルにできるものも面白い。

ネームプレート（プランツタグ）

様々な素材、デザインのものがあり、庭やコンテナの中の小さな楽しみ。

鉢底ネット

鉢の底に使用。プラスチック製のものが主流。鉢穴を覆い、害虫の侵入と土の流出を防ぐ。

土入れ（土すくい）

鉢植えの植えつけ、植え替えに便利。

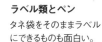

Column

植物がよく育つ、ジョウロでの水やり

ジョウロは園芸に欠かせない道具の1つで、水やりは日々行うことになります。それだけに、雑に行うと鉢土が削れて、植物にダメージを与えかねません。やさしい水やり、液肥やりを心がけましょう。

ジョウロを使った株元の水やり

鉢に水をやる時は、ハス口を外し、花や葉に水がかからないように気をつけ、手のひらで水を受けて水流をやわらかくして株元に与える。鉢底から水が出るまでたっぷり行う。

【 ハス口の向きと水の出し方 】

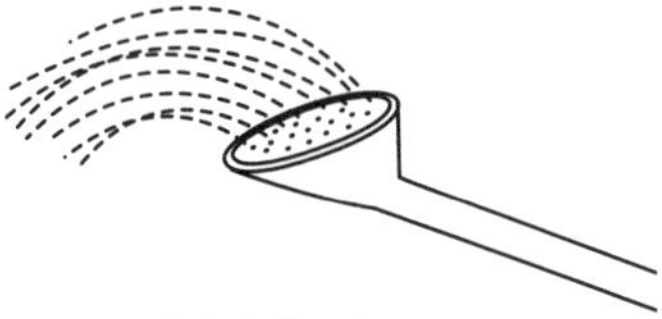

ハス口を上向きにする

広い範囲にふんわりとやわらかく水やりしたいときは、ハス口を上に向ける。

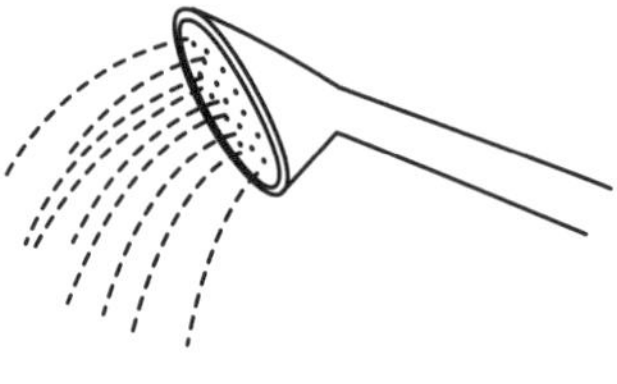

ハス口を下に向ける

勢いよく集中的に水をやりたい時は、ハス口を下に向ける。

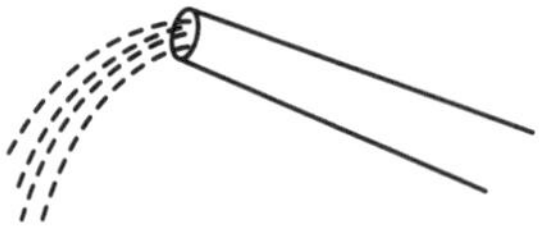

ハス口を外す

株元に水をやるなど、短時間になるべく多く水をやりたい時は、ハス口を外す。

ジョウロの持ち運び

水を入れたジョウロを運ぶ時は、ジョウロの向きを、口を後ろに向けると、水がこぼれにくい。

Chapter 4

あると便利な道具の選び方と使い方

『菊花壇養種』菅井菊叟 著
弘化3年（1846） 雑花園文庫蔵

Q 雑草を退治したいけれど、薬剤はまきたくありません。

ここがコツ！

カマの出番です。除草剤をまけない場所やまきたくない場所で使用します。

◆**やはりカマの出番。いろんなカマを試してみて**

「草取り8割」との言葉があるほど、除草は園芸や菜園に欠かせません。除草の基本は雑草を早期に発見し大きくなる前に取り去ること、タネをつける前に刈ることです。

とはいえ雑草はいつのまにかはびこり、多くの人が苦労します。それだけに、電動ドリルの先端が回転して除草する道具や、ワインのコルク抜きの要領で根まで雑草を抜く道具などがありますが、なかなか使いやすい道具に巡り合えません。その中で、**やはり昔ながらのカマは除草に活躍します。**

◆**選び方のポイント**

除草道具は、雑草の大きさや育ち具合に合わせて、適する道具を選びます。**大きく育った雑草が群生している場合は、カマでまとめて刈ってしまいます。その後で、専用の除草道具で根ごと抜いてもよいでしょう。**花壇など耕されているところは土がやわらかいので、先のとがったカマで土ごと取ってしまえます。**三角ガマで耕しながら雑草処理をすると効果的です。**

◆**手入れと保管**

使い終わったら刃でけがをしないように気をつけ、乾いた布で汚れを落としておきます。長期間使わない時は、シリコンスプレーなどをまんべんなく塗り込みます。切れなくなったら研ぎますが、コツが必要なので、プロに依頼したほうがよいでしょう。

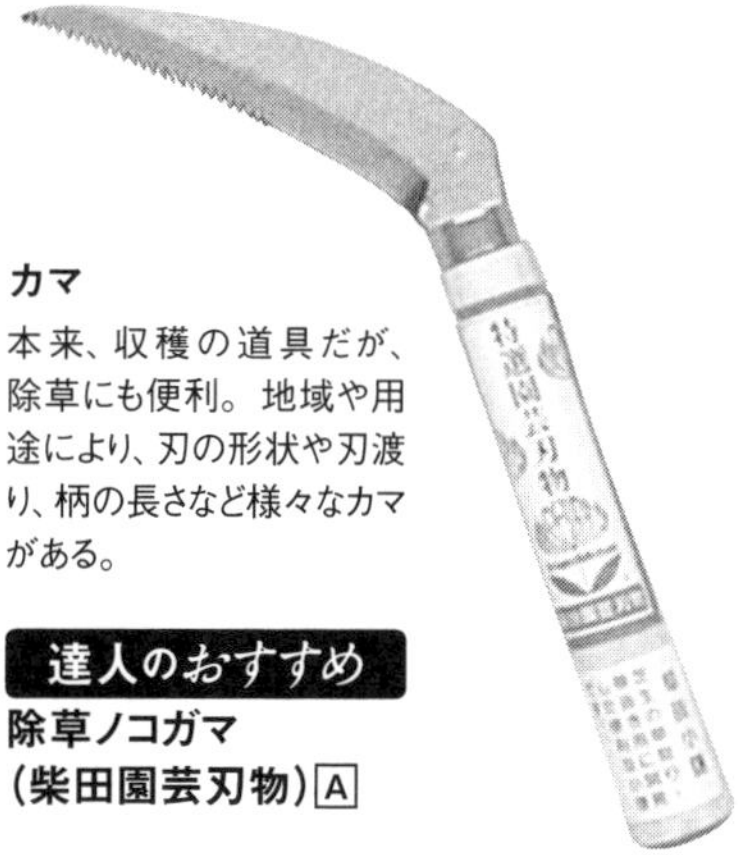

カマ

本来、収穫の道具だが、除草にも便利。地域や用途により、刃の形状や刃渡り、柄の長さなど様々なカマがある。

達人のおすすめ

除草ノコガマ
(柴田園芸刃物)A

三角ガマ

除草の他、中耕や土をならすなど、多用途に使える。

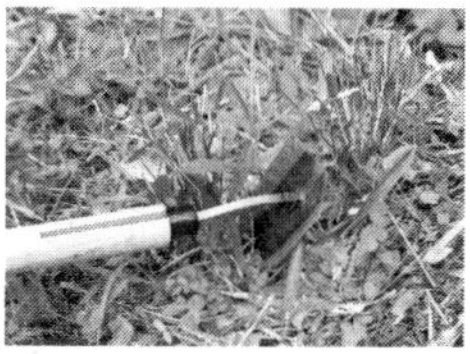

手元の除草、中耕に使える。

その他の除草道具

日本の他、欧米でも様々な除草道具がある。

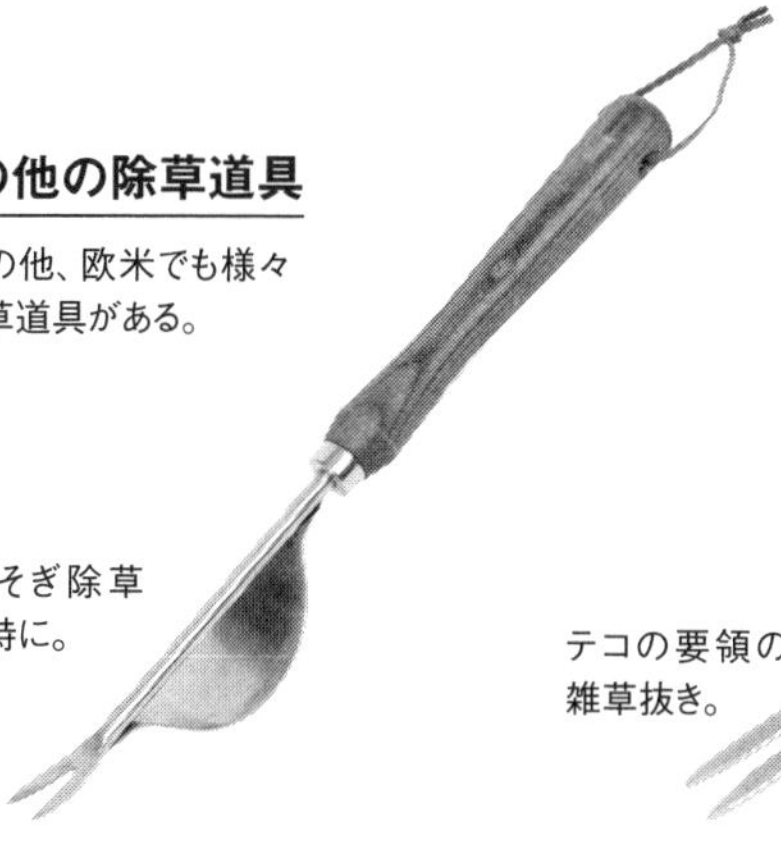

根こそぎ除草する時に。

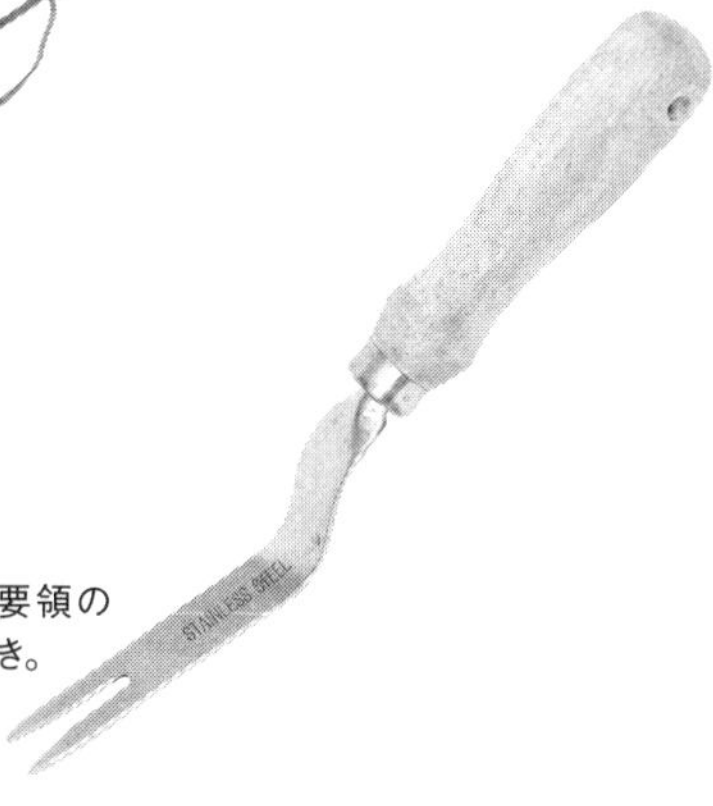

テコの要領の雑草抜き。

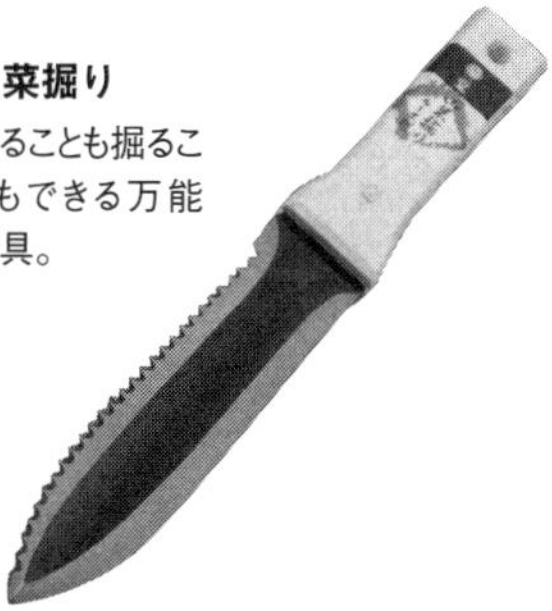

山菜掘り

切ることも掘ることもできる万能道具。

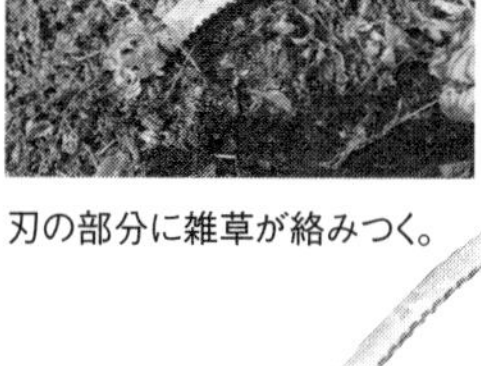

刃の部分に雑草が絡みつく。

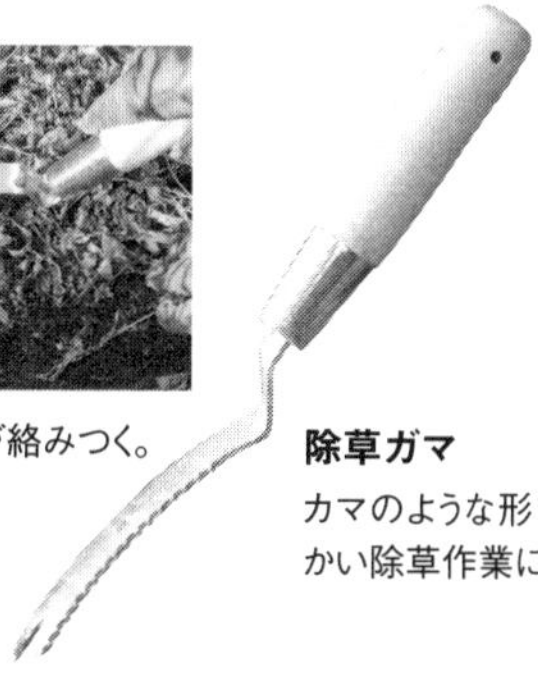

除草ガマ

カマのような形で細かい除草作業に。

Q ホーとはどのような作業をする道具ですか？

ここがコツ！

立ったまま草刈りや整地をする道具です。かがんで作業するより、腰が楽になります。

◆古くからある園芸道具

ホー（Hoe）とは欧米での呼称で、日本では「西洋クワ」とも呼ばれます。除草や中耕など、日本のクワと同じような作業に使用します。

本体は三角形（とがった部分が前）もしくは半円状（直線部分が前）で刃があり、レーキと同じように柄が長く立って使うタイプと、しゃがんで片手で使うタイプがあります。

柄が長いタイプは除草や中耕で、しゃがんで使用するタイプは狭い場所での植えつけや土寄せに役立ちます。レーキと同じように、**柄の長さ１２０㎝ほどで立ったまま除草作業や土寄せなどができるので、おすすめです。**

◆選び方のポイント

本体が三角形のタイプと半円状のタイプがありますが、**刃先が半円状で平らなものが使いやすいです。**

◆手入れと保管

使用後は水洗いして、水気をよく拭き取り、シリコンスプレーなどを塗布しておきます。

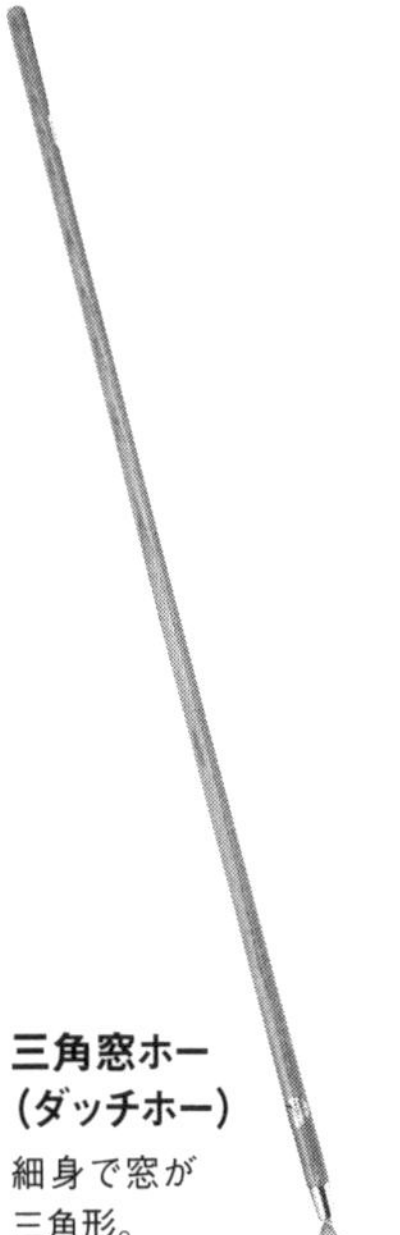

三角窓ホー（ダッチホー）
細身で窓が三角形。

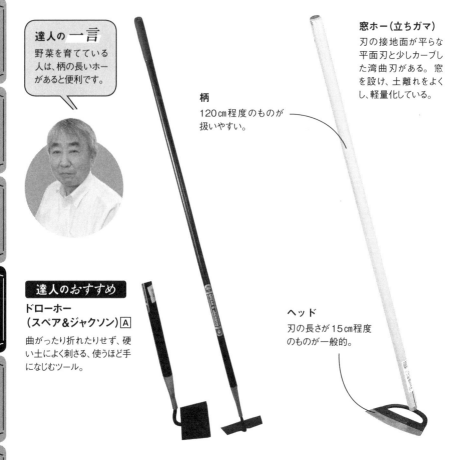

達人の一言

野菜を育てている人は、柄の長いホーがあると便利です。

柄

120㎝程度のものが扱いやすい。

窓ホー(立ちガマ)

刃の接地面が平らな平面刃と少しカーブした湾曲刃がある。窓を設け、土離れをよくし、軽量化している。

ヘッド

刃の長さが15㎝程度のものが一般的。

達人のおすすめ

ドローホー(スペア&ジャクソン)[A]

曲がったり折れたりせず、硬い土によく刺さる、使うほど手になじむツール。

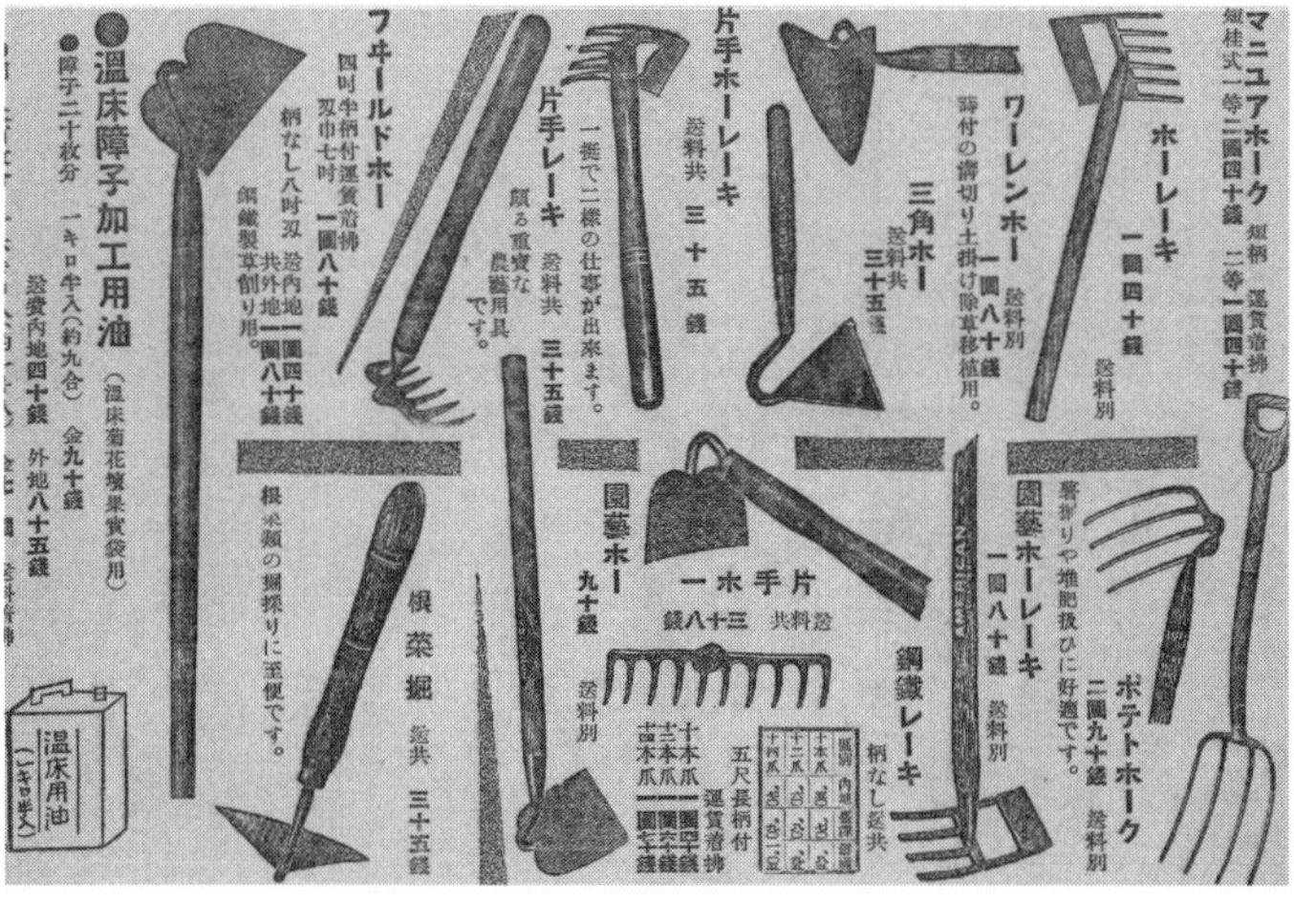

昭和7年(1932)の「日本種苗合資会社」(雑花園文庫蔵)の商品カタログ。様々なホーが紹介されている。

Q 雑草を一気に刈ってしまいたいです。どうしたらよいですか？

ここがコツ！

ある程度の広さがあれば、草刈り機（刈り払い機）で刈りましょう。

◆家庭での使用には細心の注意を

面積が広い場所の除草には、柄の先端の刃が回転する草刈り機が適しています。効率がよく、不整地での草刈りに威力を発揮します。

小型エンジン式かモーター式で、回転刈り刃のものとナイロンコードカッターのものがあります。

小型エンジン式のものは広い面積やどんな雑草でも刈り取れ便利ですが、エンジンのことがわからない人は、使用しないほうがよいでしょう。モーター式は電源コード式と充電式のものがあり、短時間の作業なら充電式のものがよいでしょう。なお、**回転刈り刃は高速回転するはだかの刃を操作するので、技術が必要です。**山林の下草除去などでも活躍していますが、毎年のように死亡事故が報告されています。家庭で使用する場合は特段の注意が不可欠です。**ナイロンコードカッターは石や樹木のあるところなどでも使用でき、回転刈り刃に比べて安全で初心者向けといえます。**ただし、小さくやわらかい雑草は刈れますが、それ以外の雑草は刈りにくいというデメリットがあります。

いずれも、使用の際は説明書をよく読んでから手袋、ゴーグルを着用し、周囲に気をつけて作業します。

◆選び方のポイント

使う場所と雑草の種類にもよりますが、家庭では充電式で、縁石や樹木があっても使えるナイロンコードカッター式が安心です。

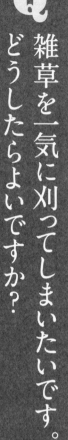

◆使用後の管理

エンジンもしくは電源を切り、ブラシなどでカッター部分や内部の泥や草を落とし、乾いた布で汚れをきれいにします。

充電式の草刈り機

エンジン式もあるが、電動式でコードレスのものは取り回しがよい。コードのあるものは力が強い。

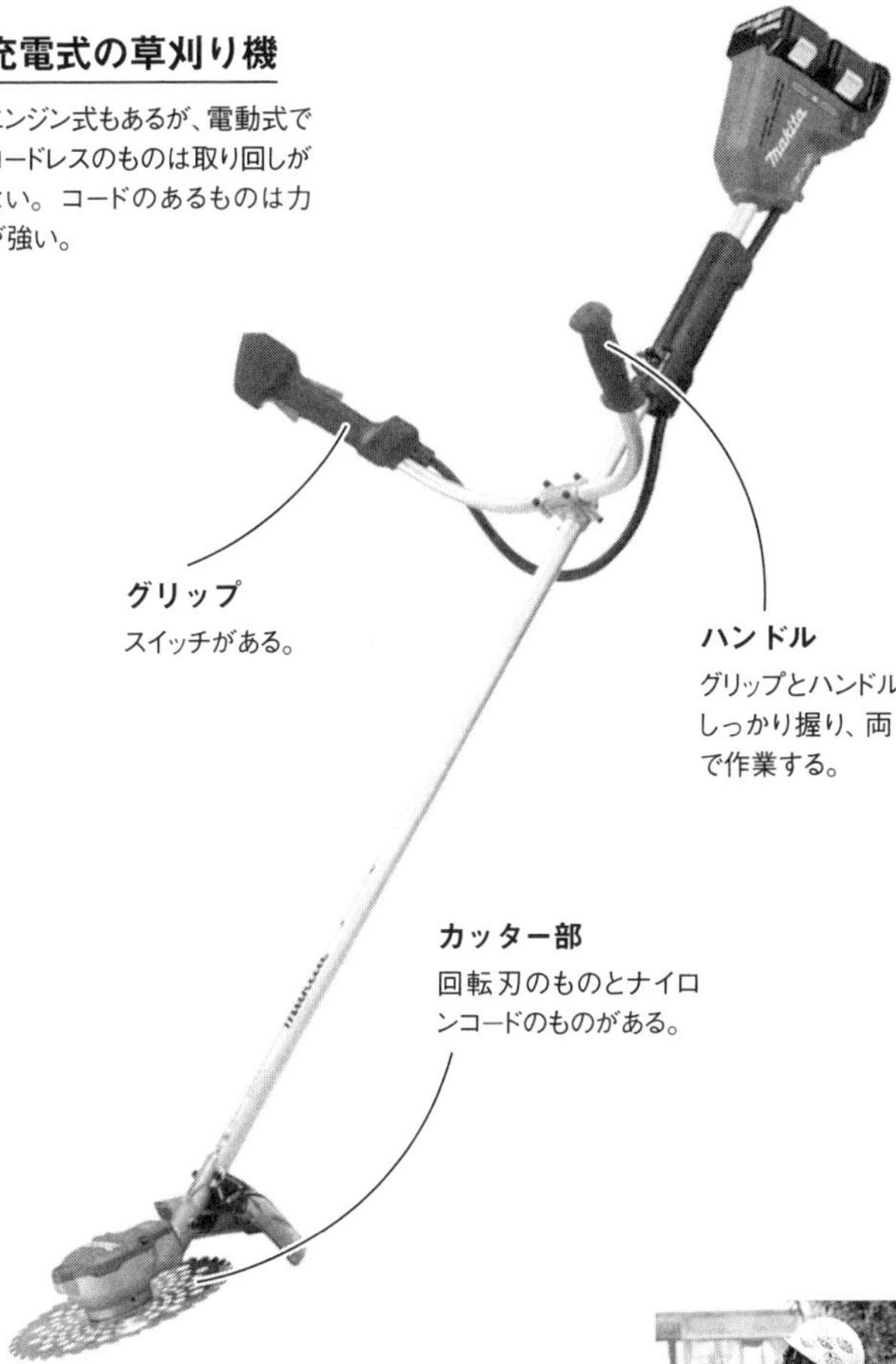

グリップ
スイッチがある。

ハンドル
グリップとハンドルをしっかり握り、両手で作業する。

カッター部
回転刃のものとナイロンコードのものがある。

ナイロンコードカッター式。ナイロン製の糸のようなパーツが回転し、草を刈る。樹木や構築物などに当たっても傷つけにくい。パーツは消耗したら交換できる。特に家庭では、回転刃のものよりナイロンコードのものが安全でおすすめ。

草刈り機は、手袋、ゴーグルを装着し、長袖長ズボンで作業する。

Q 徹底的な雑草対策はありますか？

ここがコツ！

草取りが無理なら、雑草が生えない環境をつくります。

◆日本は雑草天国

日本は気候的に植物が繁茂しやすく、土さえあれば雑草との闘いになります。抜いても根を残すとあっという間に再び生えて場所を埋め尽くします。根ごと引き抜くか、タネをつける前に刈り取るのが基本です。

雑草は景観を乱すだけではなく、蚊など害虫の発生源、花粉症やアレルギーの原因になることもあるので、対処が必要です。除草剤の使用は最も手軽ですが、子どもやペット、環境への影響を考えると、なるべくなら使いたくありません。

塩をまく方法は、塩害が発生してその土地のみならず、近隣の植物の生育にも悪影響があります。さらに、建物や配管などの腐食の原因になります。

◆確実な雑草対策は、「生えさせない」こと

人力で雑草を処理する場合は、日々定期的に処理するのがベストです。ただし、光を遮断し雑草が生えない環境をつくれる、つまり防草することで、労力と作業時間が減らせます。

おすすめは「防草シート」の活用です。園芸用や農業用の様々なシートが販売され、光を遮る黒色のシートが防草に適しています。ただし、広範囲に黒色のシートがかかると見た目がよくないので、その上に化粧用の玉砂利などを敷くとよいでしょう。また、効果はやや落ちますが、ダークグリーンのシートも防草になります。値段と性能はほぼ比例し、シートが厚くなるほど防草効果が高くなります。施工前にしっかり除草し、すき間なく張り詰めます。

Q 庭の掃除を楽にする方法はありますか？

ここがコツ！

クマデがあると便利です。

◆掃除は風のあまりない日に

落ち葉や花がらなどをこまめに掃除をするのも、大切な園芸作業の一環です。庭や花壇、菜園は起伏があり他の植物があるので、掃除が面倒です。特に露地では落ち葉や枯れ枝の掃除が大変です。

掃除は、風のあまりない晴天が続いた日に行うと、落ち葉などが風に飛ばされず、雨に濡れていないので花びらなどを集めやすく、作業がはかどります。

◆掃除にはクマデが便利

庭掃除の際は、ホウキ、チリトリの他に、**クマデがあると便利です。土や芝生の上でも、剪定した枝や葉、抜いた雑草、落ち葉などをかき集めることができます。**

日本では竹製のものがポピュラーですが、スチール製のものもあり、ヘッド部分の大きさや歯の数、形状、柄の長さ、伸縮できるかどうかなど、多様な製品があります。柄の長いものとハンディタイプのものがあると、掃除がしやすくなります。

◆ブロワー

落ち葉やゴミを集めるには、ブロワーがあると作業効率がよくなります。風を吹いてゴミを1ヵ所に寄せたり（吹き寄せ）、吸い込んで集めたり（集塵）できます。

製品により、吹き寄せだけのもの、吹き寄せと集塵が一体になったもの、集塵した落ち葉を粉砕する機能のついたものなどがありますが、基本的には風を吹く機能がメインです。庭掃除の他、ＤＩＹのゴミ掃除、洗車後の水の吹き飛ばしなどにも使えます。

動力もコードつきの電動式、コードレスの電動式、エンジン式があり、家庭ではコードレスの電動式が取り回しがよいです。作業時間が長い場合はコードつきやエンジン式のほうがよいでしょう。

◆落ち葉集め用のチリトリ、テミ

大量の落ち葉や剪定した枝や葉を集める時には、普通のチリトリでは何度も取らなくてはなりません。ゴミ袋がセットできるチリトリや大容量のゴミが集められる袋状のチリトリがあります。昔からある道具として、プラスチック製のテミもあると便利です。軽くて丈夫で、ゴミ集めのほか、運搬、収穫など多用途に使えます。

◆ガーデンバケツ

落ち葉やゴミを集める掃除の時のゴミ箱、、道具の持ち運び、土や肥料の配合などに重宝するのが、ガーデンバケツです。キャリーがついているものは移動が楽です。折りたたためるものは、しまう時に場所を取りません。

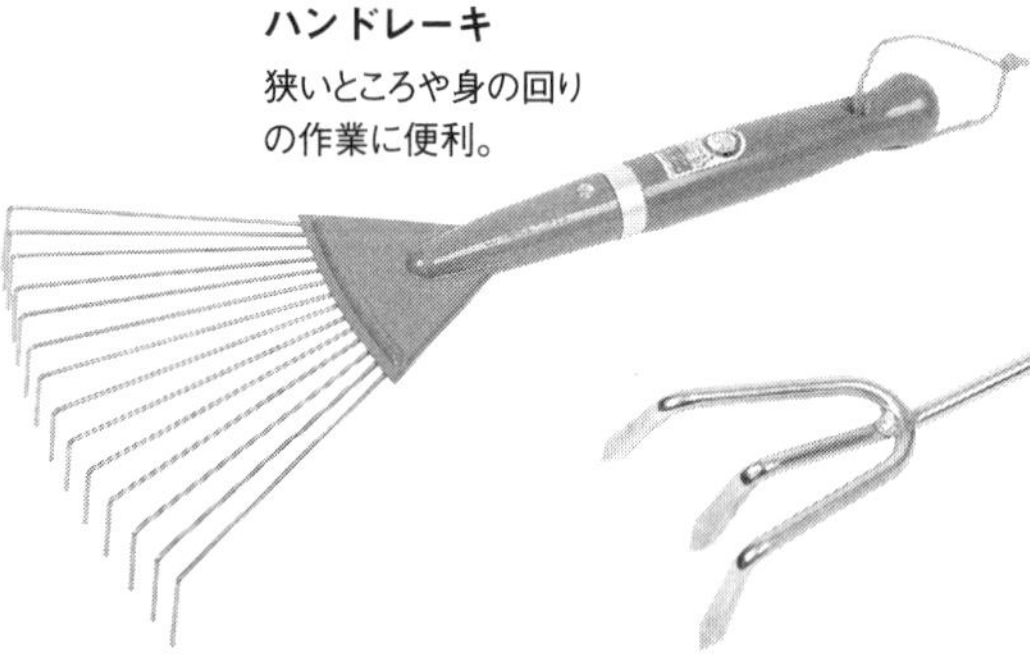

ハンドレーキ

狭いところや身の回りの作業に便利。

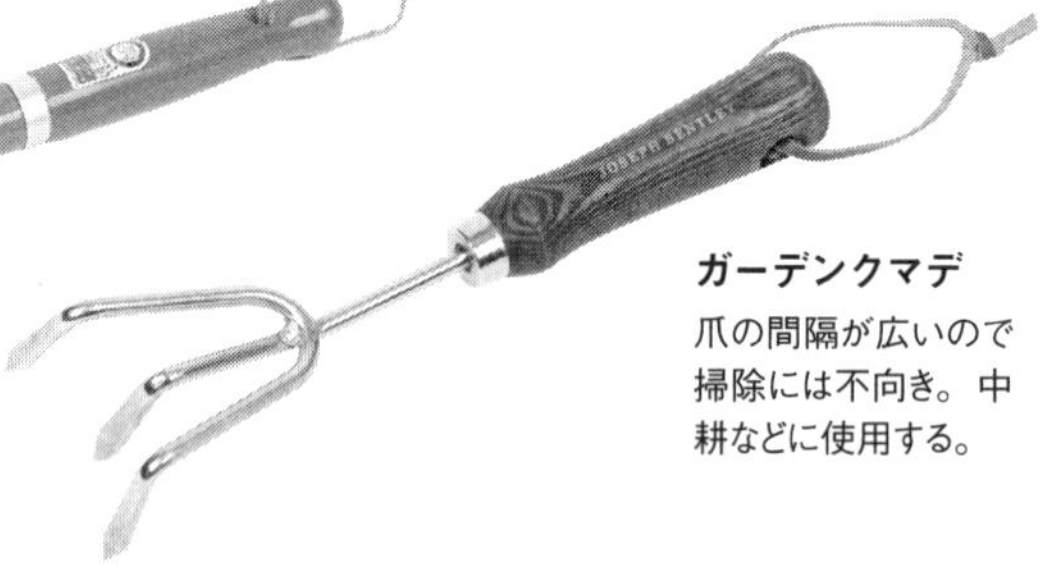

ガーデンクマデ

爪の間隔が広いので掃除には不向き。中耕などに使用する。

達人のおすすめ

分別てみ「Frutte フルーテ」（カインズ）D

45Lのゴミ袋にそのまま入り、株間に置いて作業できて、とても使いやすい。集める、運ぶ、捨てる、ふるい落としなどに。

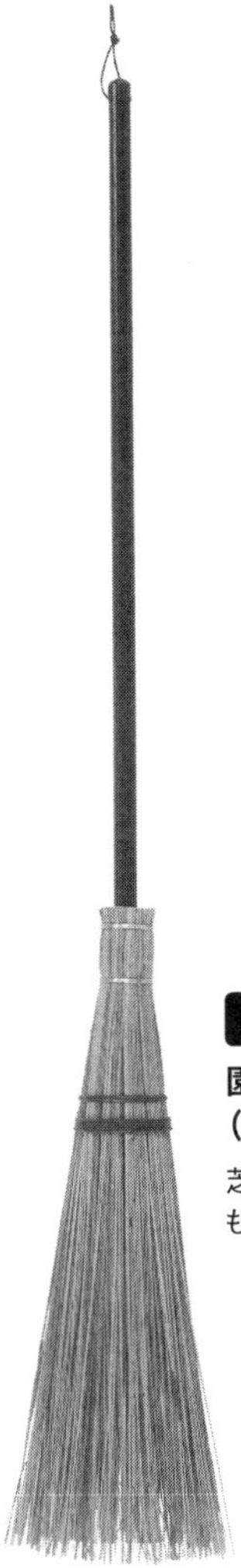

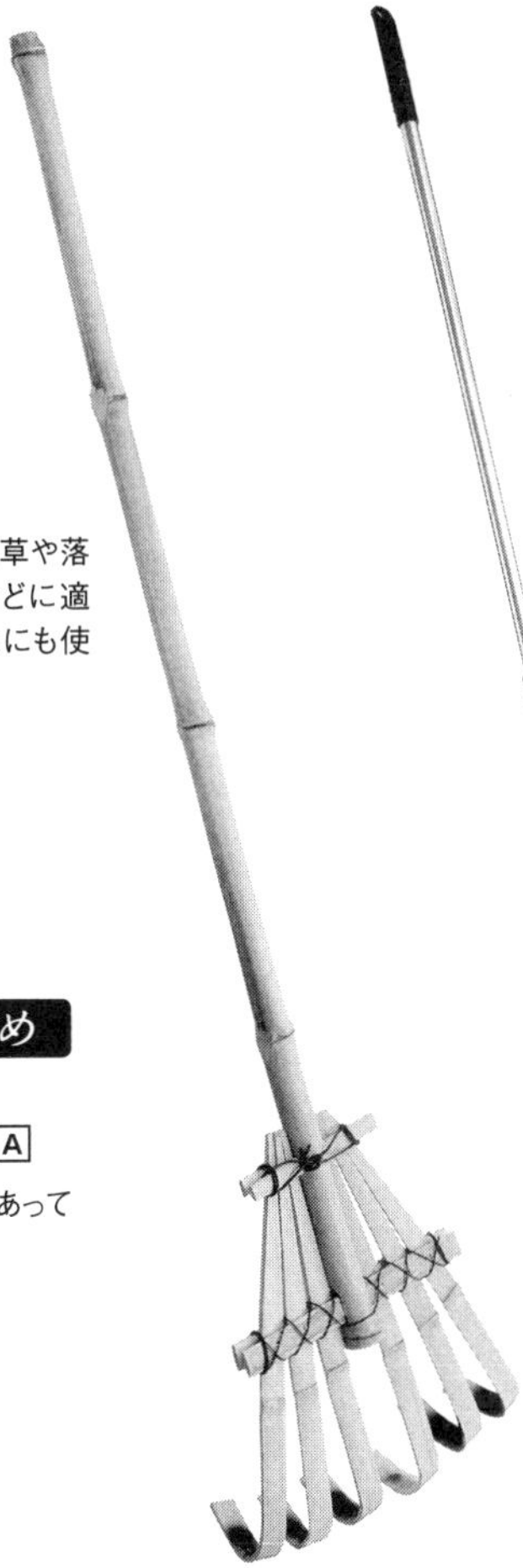

スチール製クマデ

レーキとほぼ同じ用途で、広い範囲を掃除、整地ができる。柄の長さが120㎝程度で、軽量なものが使いやすい。

竹クマデ

軽く、刈った草や落ち葉集めなどに適する。整地にも使える。

達人のおすすめ

園芸ボウキ（柴田園芸刃物）Ａ

芝生の上でも砂利があってもゴミを集めやすい。

ブロワー

コードレスのものが取り回しがよい。

ガーデンバケツ

落ち葉や雑草、ゴミを集めたり、用土の配合、道具入れに便利。使わない時は折りたためる。

Q 苗を支柱で固定するとよく育つと聞きました。なぜでしょうか？

ここがコツ！

根が用土に密着する他、倒伏を防ぐなどで、育ちやすくなります。

◆ **野菜を植えたらその場で支柱**

バラや樹木、野菜の苗を植えつけた時は、**支柱を立てて苗が動かないようにします。倒れにくくなるのはもちろんですが、風などで揺れにくくなることで、根が用土に張りやすくなります。**

支柱は、植物の成長をサポートしたり樹形を矯正したり、収穫する実を保護したりするために用います。また、強い風や日光などから植物を守る遮蔽物を設置するためにも使用されます。

昔は「メダケ（女竹）」や「シノダケ（篠竹）」を用いて、用途別に植物生産者が加工して使用していましたが、現在はカラー鋼管やプラスチックの材質のものが主流です。長さ、太さ、形状が多種あり、表面もつる植物が巻きつきやすいように、イボイボの加工が施されています。配色も基本は植物との相性を考えて黄緑色が主流ですが、用途に合わせて様々に着色された製品が売られています。

さらに、使用植物の特徴に合わせてアサガオ用、トマト用、オモト用などと便利に加工されたものも販売されています。

カラー鋼管製の支柱は薄い鉄パイプに樹脂コーティングしたもので、簡単に好きな長さに切断できますが、さびたり強度が落ちたりするので、基本は切断しないで使用します。野菜の栽培などでは成長した状態を考え、組み合わせて設置します。

なお、園芸用では、花を傷つけずにサポートする支柱や、庭や花壇の景観を損なわない支柱なども販売されています。

◆選び方のポイント

流通している支柱の大半は、農家が植物生産をするためのものです。用途に合わせて、適した長さや太さのものを選びます。成長した状態の長さを考えて選びましょう。**強度が必要がない場合は、１００円ショップのもので十分です。**庭や花壇用の支柱は、デザイン優先でもよいでしょう。

◆手入れと保管

支柱の使用後は汚れを落とし、整理して保管しておけば、何度も使えます。

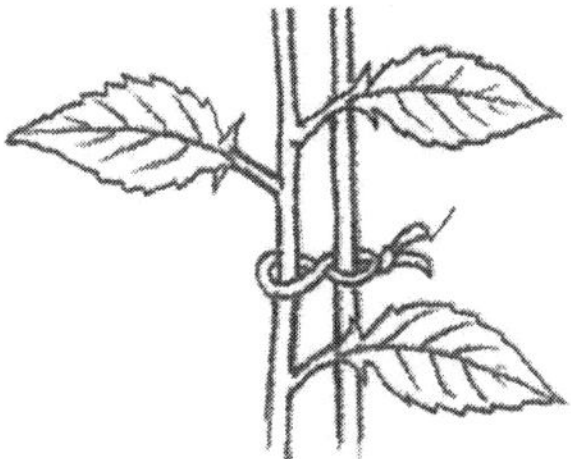

支柱と植物を、8の字になるように結束すると、植物が成長しても茎が傷みにくい。

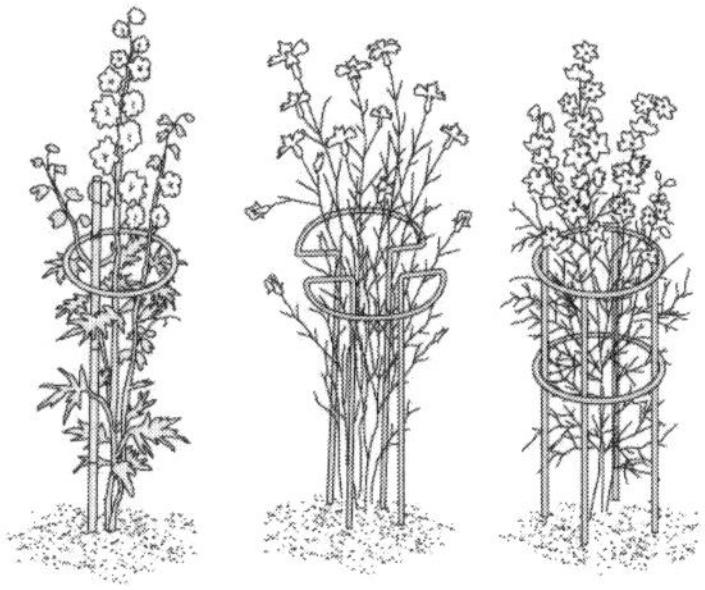

まとまりにくい、倒れやすい、草丈のある植物は支柱を工夫するとよい。

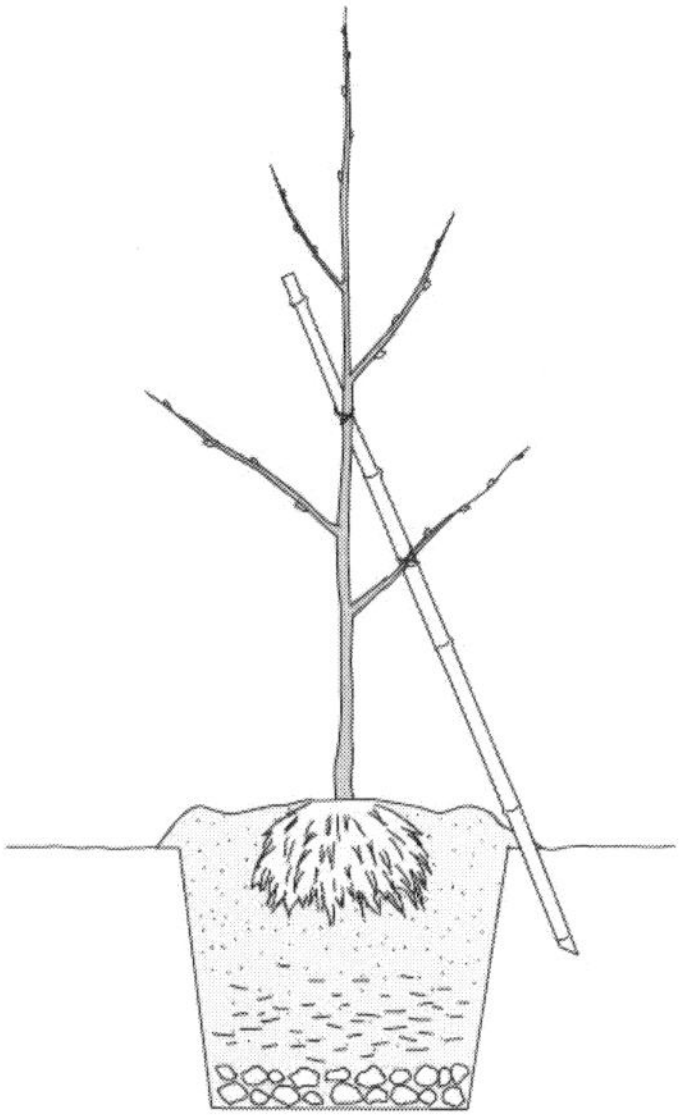

樹木の苗も支柱でサポートするとよい。

根を傷めないように支柱を差し、苗をひもで固定する。

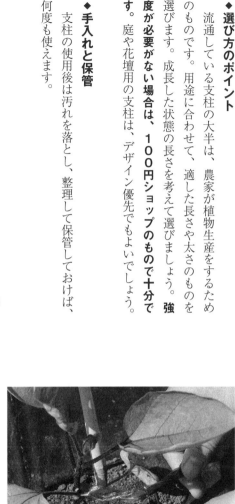

Q 支柱の選び方、立て方はありますか？

ここがコツ！

背の高い支柱を立てる時は、なるべく太いものにしましょう。

◆この資材の特徴

支柱にはプラスチック製、金属製、自然素材など、様々な長さと太さのものがあります。庭やベランダなどには景観を損なわない金属製や自然素材のものが合いますが、**特に菜園などで高い支柱を立てる時は、鉄パイプをコーティングした農具用で、イボがついた直径２cm程度のものを選ぶとよいでしょう。イボがあると誘引や組み立てがしやすくなり、太いほど強度が増します。**使い終わったら汚れを拭き取っておけば何度でも使えます。

◆菜園の支柱立て

トマトやキュウリなどの果菜類やつる植物は、支柱を立てて誘引することで、風通しや日当たりが向上し、スペースの節約にもなります。収量が増え、病害虫の予防にも効果があります。

使用の際は、倒伏防止のため、支柱のとがっているほうを、30cm以上土に差します。浅く差すと風などで倒れてしまいます。また、すでに苗が植わっているところに差す際は、株から少し離し、苗の根を傷めないようにします。

苗を植える時は仮支柱を添え、苗が育ってきたら、作物に合わせた支柱立てを行います。もしくは苗が成長する高さや長さをあらかじめ見越して支柱を立てます。

支柱の立て方には、サヤインゲンなどに向く「直立式」やキュウリなどに向く「合掌式」の他、「やぐら式」や「V字式」などがあります。組み立ての際は、交点をしっかりひもなどで結びます。

らせん状支柱
つる植物が巻きつきやすいらせん状。

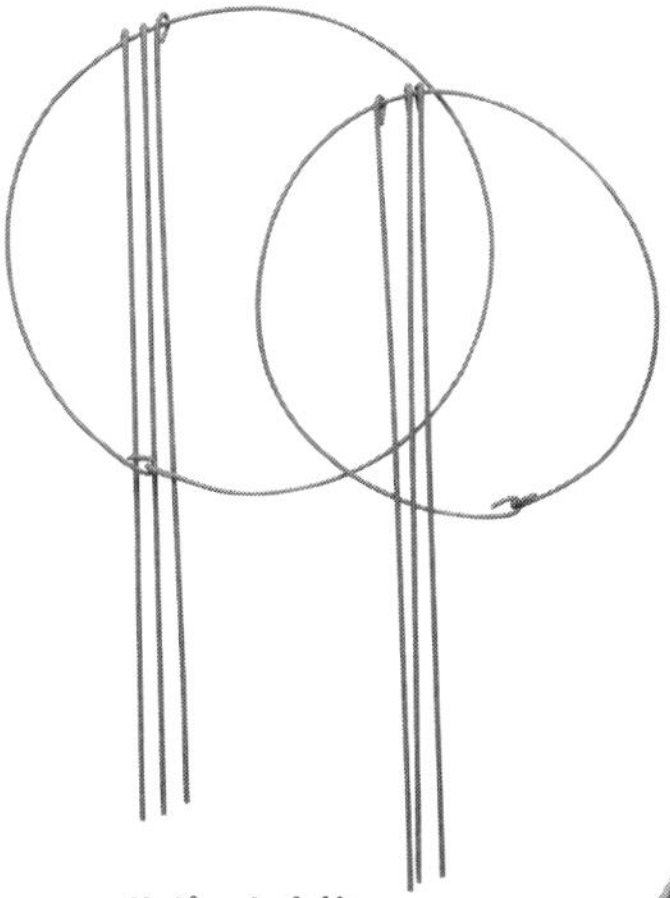

サポート支柱
直立しにくい植物をまとめる。あんどん支柱などもある。

トンネル用支柱
トンネルを組み立てる支柱のセット。アーチ状のものや緑のカーテン用のものなどがある。

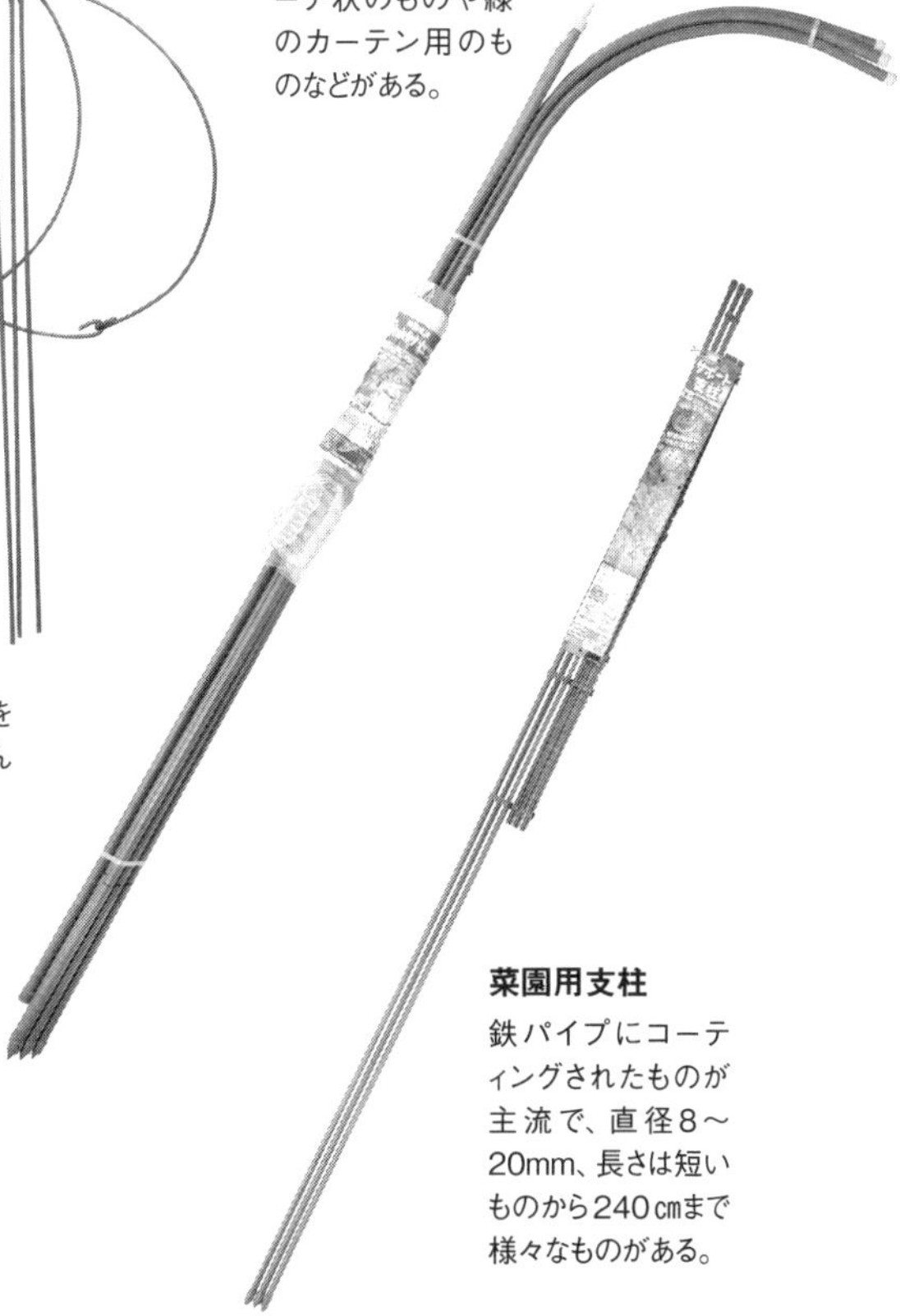

菜園用支柱
鉄パイプにコーティングされたものが主流で、直径8～20mm、長さは短いものから240㎝まで様々なものがある。

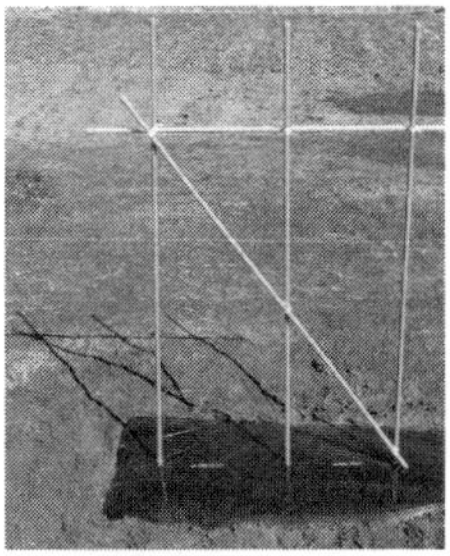

直立式
サヤインゲンなどに向く支柱の立て方。

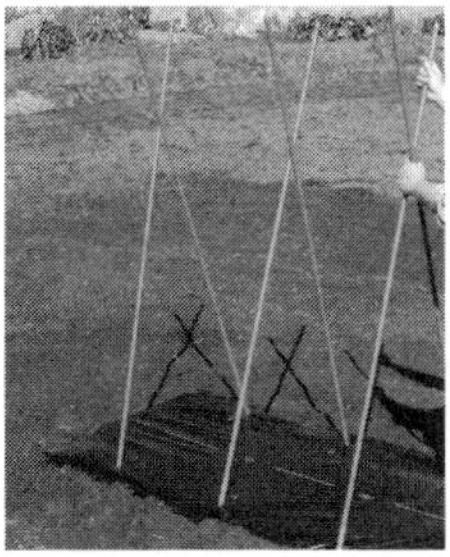

合掌式
キュウリなどに向く支柱の立て方。

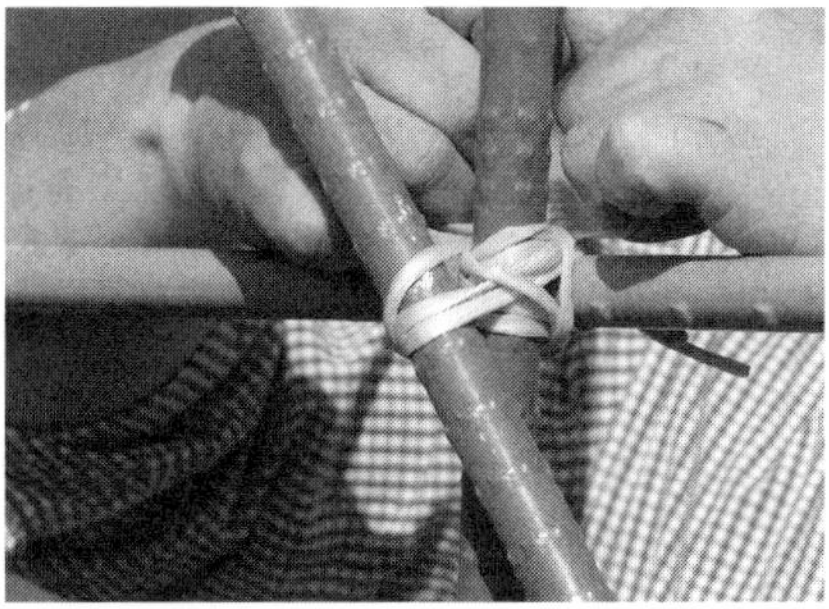

支柱の結束
支柱の交差点を二重にひもを巻き、しっかり固定する。植物に合わせた様々な支柱の立て方がある。

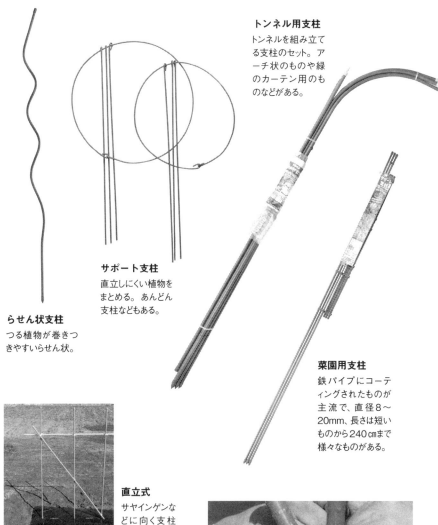

Q つる植物や伸びた枝を簡単に留められるものはありますか？

ここがコツ！

ビニールタイが一般的ですが、クリップや自然素材のものもあります。

◆しっかり、でもやさしく。それが結束の極意

つる植物や枝の伸びる植物などと支柱をつなぐのが、結束資材です。ある程度の強さがあり、成長する植物の邪魔にならず傷もつけず簡単に結束できることが大切です。

現在は、**細い針金にビニールを付着させた「ビニールタイ」が中心です。安価で簡単に結束ができ、何度も使用できます。**緑色が多く、あらかじめカットされているものや好みの長さにカットして使用するロール状のものがあります。ただ、時々植物の枝や幹に食い込んでいるのを見かけます。他に、ビニールでなく紙でコーティングした「ペーパータイ」、植物と支柱などをはさむクリップ、やや太い針金をビニールでコーティングした「ソフトタイ」「コーティングワイヤ」なども登場しています。

また、**環境を考え、自然素材を望む人も増えています。昔から「ラフィア」という植物の繊維を利用してキクの栽培など多くで使われており、「麻ひも」、「シュロ縄」なども使われます。植物とマッチし、使用後はそのまま土に還るのも魅力でおすすめです。**

メダケを麻ひもで組んだ支柱を見かけます。情緒があり、植物とマッチして美しくつくられています。造園で使用されるシュロ縄も結び方をマスターすると庭のアクセントになる楽しい園芸資材です。

◆選び方のポイント

使用する期間を考えて選びます。天然素材はおおよそワンシーズンで使用を終了します。

達人のおすすめ

ラフィア(北越農事)E

機能性はもちろんよく、シュロ縄とともに結んだ姿に風情があり、「園芸は文化」と感じられます。

結束資材のいろいろ

ビニールタイ(ロール)

ワイヤをビニールで被覆。最もよく使われ汎用性が高い。

シュロ縄

シュロの繊維をよったもので、強度がある。

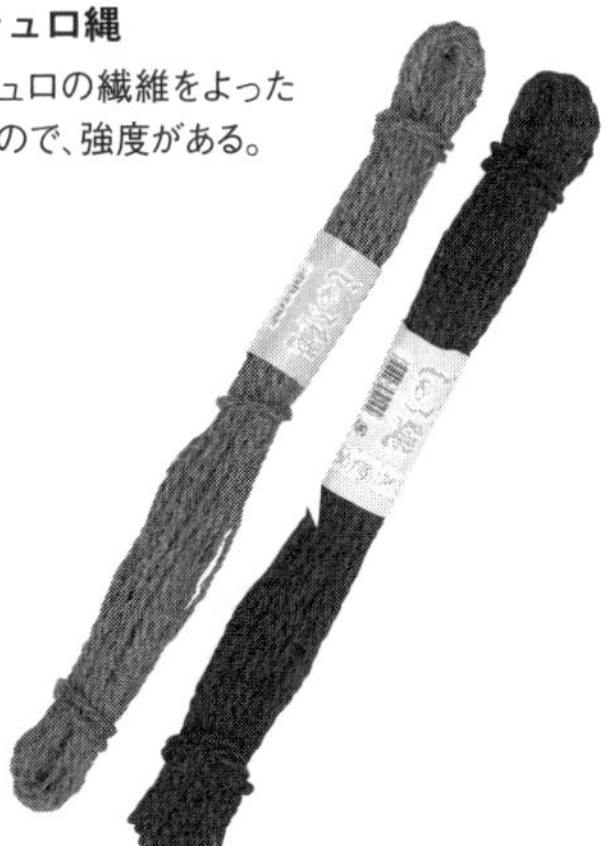

ソフトタイ

ワイヤに植物が傷つきにくいコーティングがされている。

園芸クリップ

はさむだけなので、作業が楽で、繰り返し使える。

麻ひも

麻を使った自然素材。

コーティングワイヤー

ワイヤをビニールなどで被覆。色や太さは様々。

紙ひも

耐水性がある紙製のひも。

ペーパータイ

ワイヤを紙で被覆している。

Q 夏の日差しを遮る、「緑のカーテン」をしたいです。

ここがコツ！

つる植物用のネットが利用されています。強風に気をつけます。

◆いまやニッポンの夏の風物詩

真夏のガーデニングの定番となった「緑のカーテン」。つる植物でカーテンをつくり、日差しを遮ることで涼が得られます。ゴーヤ（ニガウリ）が定番で、アサガオやフウセンカズラ、トケイソウ、ヘチマ、キュウリ、つるありインゲンなども向いています。植物により、涼を得る他、花や収穫の楽しみもあるので、ぜひ挑戦してみてください。

そこでまず必要なのが、植物用のネットです。

植物用のネットを設置し、苗を植えると、設置当初は植物が小さく見えますが、繁茂してくるとネットを覆うようになります。強い風を受けると取りつけ部分に負荷がかかるので、しっかりと固定することが大事です。また台風など暴風時には、事前に取り外して地面に伏せておき、天候が回復したら再度取りつけるようにします。

◆選び方のポイント

栽培する植物の特性に合わせた強度と網目をもったものを選びましょう。緑のカーテンがマスコミなどで取り上げられた当初は、早く緑のカーテンになるように細かい網目のものが出回りましたが、ゴーヤ栽培の本場、沖縄では「うどんこ病」が発生してしまうので、細かい網目のネットは使用しません。植物にもよりますが、**一般的に緑のカーテンに適した網目は、10㎝四方です。**

◆手入れと保管

使用後のネットは植物が繁茂して残った植物を取るのが

大変です。冬場に地面に埋め、春先に掘り出すと植物はなくなっているので再度使用するという方もいますが、使い回すよりも、その都度新しいものを購入したほうが、無難です。

緑のカーテン

緑のカーテンは地植えでもコンテナ植えでも可能。1株植えると、2～3度室温を下げるといわれる。

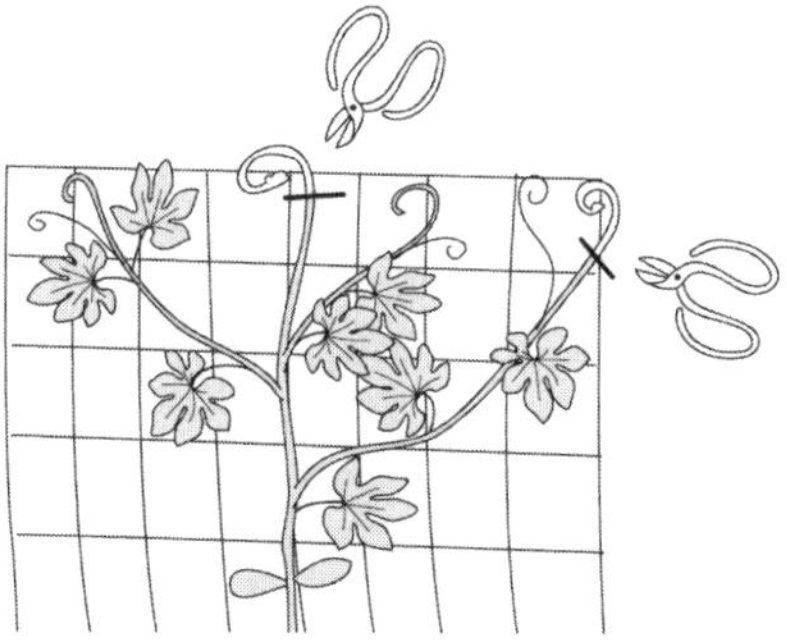

ネットを張って苗を植える。つるが伸びたら適宜摘芯して枝数を増やすのがコツ。植物によっては誘引が必要。ネットからはみ出したつるは、カットする。

緑のカーテンに向く植物

花を楽しむ	食を楽しむ	役立つ・遊べる
アサガオ	ゴーヤ	ヘチマ
クレマチス	キュウリ	ヒョウタン
ツルハナナス	つるありインゲン	フウセンカズラ
ミナ・ロバータ	ブドウ	ハゴロモジャスミン

ネットのいろいろ

ゴーヤ用ネット

ゴーヤのつるに適したネット。軒下やベランダから下げて使うことが多い。

つる植物用ネット

緑のカーテンなどをつくるときの助けになる。

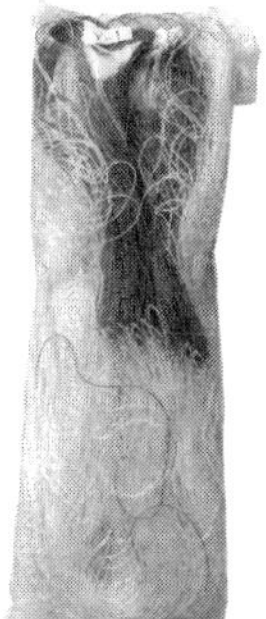

キュウリ用ネット

キュウリのつるに適したネット。組んだ支柱にかけて使う。

Q 菜園で雑草や病害虫を防ぐ方法はありますか?

ここがコツ!

フィルム、シートでマルチングしましょう。

◆色と厚みにこだわって

土の表面を覆うことを「マルチング」といいます。菜園で困る雑草や病害虫は、土の表面や株元をマルチングすることで、軽減することができます。素材にはポリフィルム、わら、刈り草などがあります。いずれも、地温を上げる、土壌水分を保つ、泥の跳ね返りを防ぐなどの効果があります。地温を上げることで病害虫の発生を防いだり、苗を守ったりします。泥の跳ね返りを防ぐことで病気を予防します。

透明なポリフィルム（白マルチ）は光をよく通します。不透明なポリフィルム（黒マルチ）は光を遮断し雑草の発生を防ぎます。シルバーストライプマルチには、アブラムシの忌避効果や地温の上昇を抑える効果があります。

また、厚みがあるほど価格が多少高くなりますが効果もよくなります。素材的には、ポリフィルムのものは雨よけ、病虫害の予防に適しており、主に春夏用です。塩化ビニールのものは保湿性が高く主に秋冬用です。

マルチング資材には不織布もあります。通気性、透水性があるので、野菜の上に直接かけて保温栽培やマメ類のタネを鳥類から守ります。コマツナやホウレンソウなどの葉菜を秋冬栽培する時などによく使用されます。

◆選び方のポイント

地温上昇が主目的な場合は白マルチ、雑草抑制が主目的な場合は黒マルチを選びます。わら、刈り草も泥跳ねと地温、水分保持に一定の効果があります。

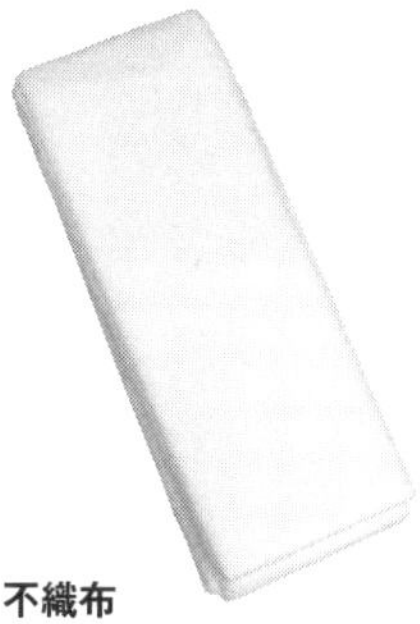

不織布

光、空気、水を通すので水やりができ、保湿効果がある。 べたがけ栽培、トンネル栽培に向き多用途。

マルチングフィルム（黒マルチ）

遮光性の高い黒マルチは雑草対策、透過性が高く温度が上がる白マルチは病害虫対策になる。

トンネル用のフィルム

保温用で、トンネルづくりに向くシート。

穴あけ器

マルチングしたフィルムに穴をあける道具。

マルチングフィルムの張り方

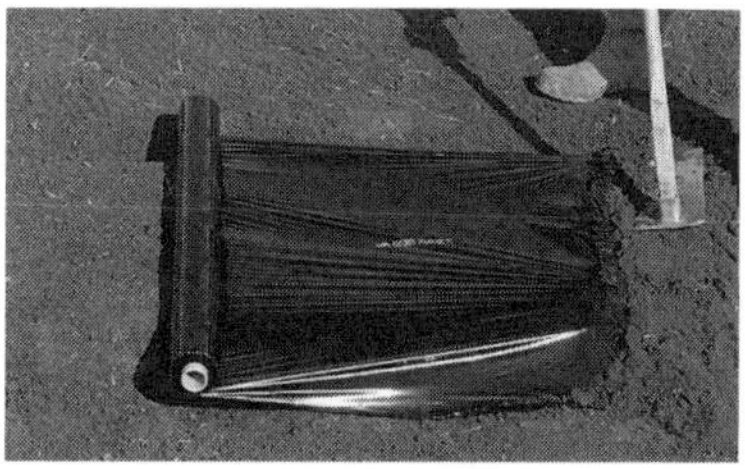

1 畝の端にマルチを置き、外側20㎝ほど土に埋める。

2 反対側までマルチを張る。

3 畝の終わりまで張ったら土で埋めしっかり留める。

4 畝の両辺も土で留める。

Q 植物の夏の暑さ対策をしたいです。よい方法はありますか？

ここがコツ！

遮光ネットで日陰をつくりましょう。

◆光や熱から植物を守って

遮光ネットは、農作物や園芸植物を覆って直射日光を遮り、適切な光量に調節します。また、風を遮断する働きもあります。さらに、製品によっては、栽培場の保温や秋冬の霜害防止目的で使用できるものもあります。また、栽培に関係なく室内の光量や温度を調整する目的で使用する例も見受けられます。**素材は高密度ポリエチレンのものが多く、軽量で丈夫です。**

遮光ネットは製品により遮光率（日光を遮る割合）が異なり、目が密であるほど光を遮ります。ベランダや庭、ハウスや畑などで使用し、ハウスでは外張り・内張りとも展張できる他、田の畝などでは背の低いトンネル状で利用することもあります。

建物内部の室温上昇の防止に使用する場合は、窓（採光部）からやや離した位置に広げて張ることで、より高い効果が得られます。これは、窓に直接張ったり窓に近い部分に張ると遮光ネット自体が直射日光によって熱を帯びてしまうためです。

◆選び方のポイント

様々な種類の大きさ、素材、遮光率、色、織り方の製品があるので、適切なものを選びます。農作物を強い日差しから守る目的で遮光ネットを使用する場合には、適切な遮光率の製品を選択しましょう。遮光率が高すぎても日照不足で生育障害を起こすおそれがあり、また遮光率が低すぎても葉焼けなどの原因となります。

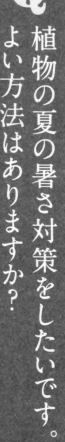

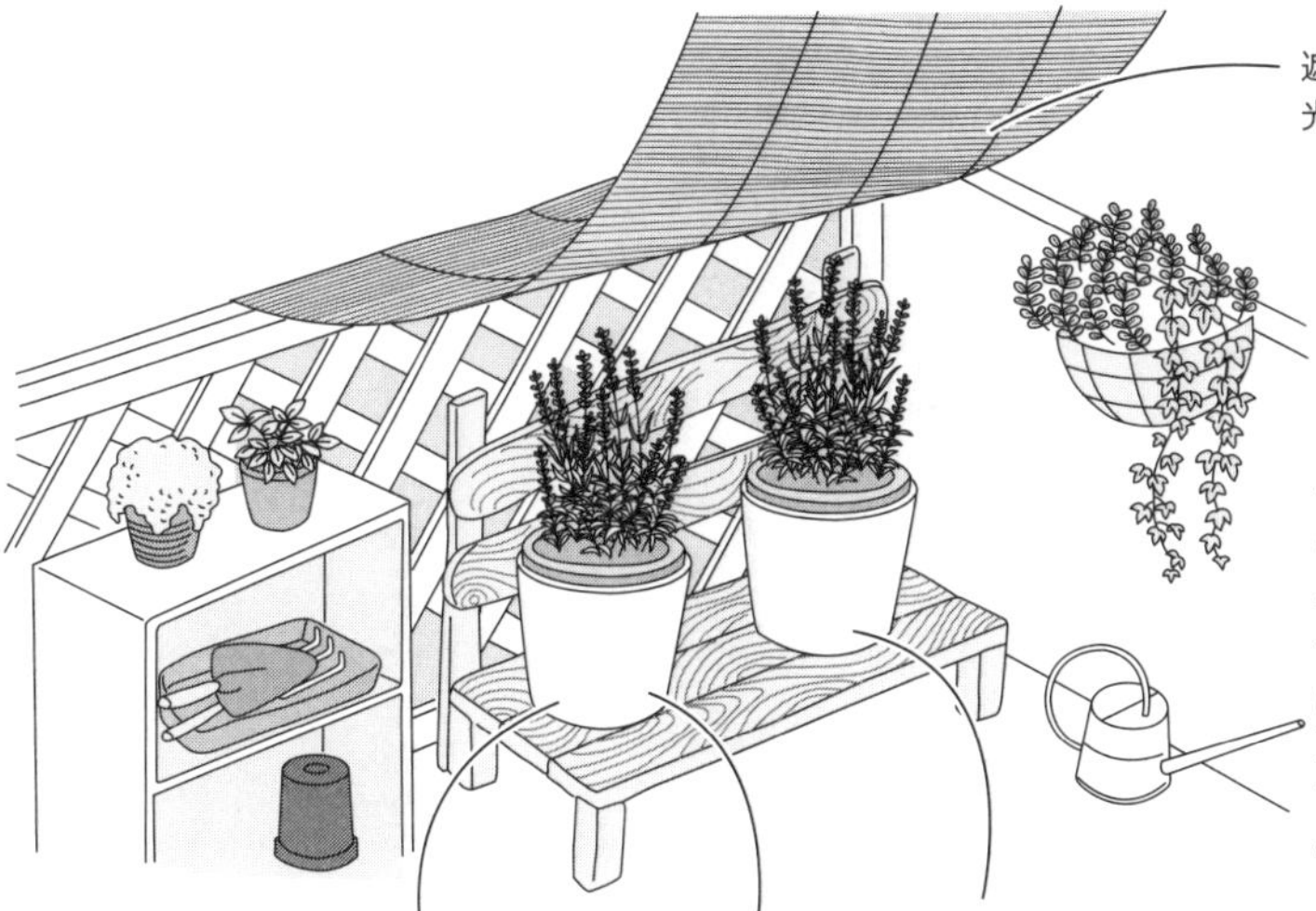
遮光ネットで直射日光を防ぐ。
鉢を二重にする
鉢を床から離す。
鉢底の穴がふさがらないように気をつける。

ベランダでの暑さ対策

ベランダは個々に条件が異なるが、一般に輻射熱が高くなり、夏は温度が高く乾燥するので、遮光するなど暑さ対策が必要。

遮光ネット

遮光率、色、素材、大きさに様々な種類がある。軽くて濡れても重くならない。

遮光ネットの種類

黒

遮光率が高く、強い日差しを和らげる。日陰を好む植物を日差しから守るほか、日なたを好む植物も強光から保護する。

シルバー

光線を反射し、ネットの下が涼しくなる。遮光の他、遮熱も兼ねる。

温度上昇防止材入り

光を透過するので、ネットの下の明るさを保ちつつ遮熱できる。

光と野菜の関係

光の強さ	野菜の種類
強い光が必要	スイカ、トマト、ナス、ピーマン、サツマイモ、オクラなど
比較的強光を必要とする	キュウリ、カボチャ、メロン、ショウガ、カブ、ダイコン、ニンジン、ゴボウなど
比較的弱光に耐える	イチゴ、葉菜類、ネギ類、ハクサイ、キャベツ、サンショウなど
弱光線を好む	セリ、ミツバ、レタス、ミョウガ、キノコ類など

幹巻きテープ

樹木の幹に巻き、乾燥防止、夏の幹の日よけ、冬の幹の保温などに使用する。

Q 防虫にも遮光にもなる便利なネットはありますか？

ここがコツ！

寒冷紗が多用途で便利です。

◆夏は涼しく、冬は暖かく

寒冷紗は防虫ネットや不織布と似ていますが、保温効果、防風効果、遮光効果などがあり、多用途に使用できます。そのため寒冷紗は早春など暖かくなる前には防寒で育苗などに使い、夏は遮光、冬は保温や霜よけとして使われます。

寒冷紗はネットのように網目状になっていて保温性、通気性があり万能のように思えるかもしれませんが、使い方にコツがあります。黒い寒冷紗は特に遮光率が高いので、遮光目的だと光量が少ない季節は日照不足になることがあります。季節や時期によって遮光用や防虫用などと使い分けるようにするとよいでしょう。

寒冷紗は不織布やマルチのように直接地面を覆うものではなく、トンネル型やアーチ状の支柱の上にかけて使うので、支柱と固定用のクリップが必要になります。支柱はホームセンターや100円ショップで手に入ります。

◆選び方のポイント

寒冷紗には、大きさや遮光率などさまざまな種類があるので、菜園や花壇の大きさ、目的に合わせて選びます。白い寒冷紗と黒い寒冷紗の使い分けは、保温と凍霜害を目的とする冬場の使用では白色タイプ、遮光を目的とする場合には黒色の遮光ネットタイプを利用しましょう。

◆手入れと保管

使用後は汚れを落とし、たたんで紫外線の当たらないところにしまっておきましょう。

防鳥ネット
野鳥から作物や果実を守る。

寒冷紗
日よけ、防風、防虫、遮光、防霜などオールマイティに活躍する。

防風ネット
風以外にも砂、ひょう、虫、鳥、落ち葉などを防ぐ。

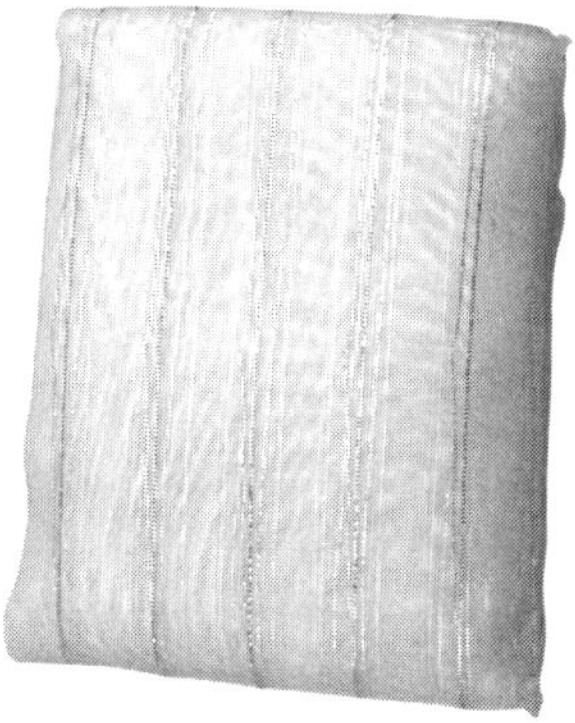

虫よけネット
アブラムシが嫌がる銀色の繊維が織り込んである。

寒冷紗で野菜を守る

寒冷紗で覆うことで、①農薬を使わずに害虫の侵入を防げる、②夏の強い日差しを緩和する、③冬から早春は寒さや霜を防ぎ、保湿効果がある、などメリットが多い。丈夫なので繰り返し使用できる。

コンテナごと寒冷紗で覆う。

黒い寒冷紗（上）と白い寒冷紗（下）。

Q あると便利な道具はありますか？

ここがコツ！

実用的な道具や、あると作業が楽になる道具がたくさんあります。

温湿度計

自身の体調管理や、植物の冬越し、夏越しの目安にする。

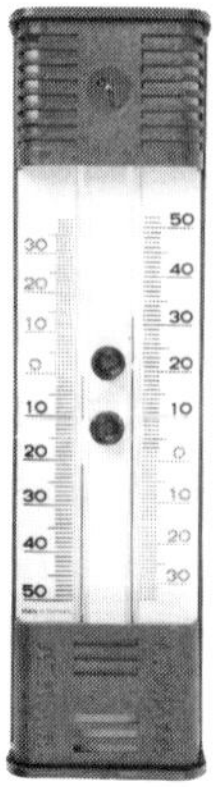

最高最低温度計

使用時間内での最低温度と最高温度が測定できる。耐寒性のない植物などの栽培に必須。

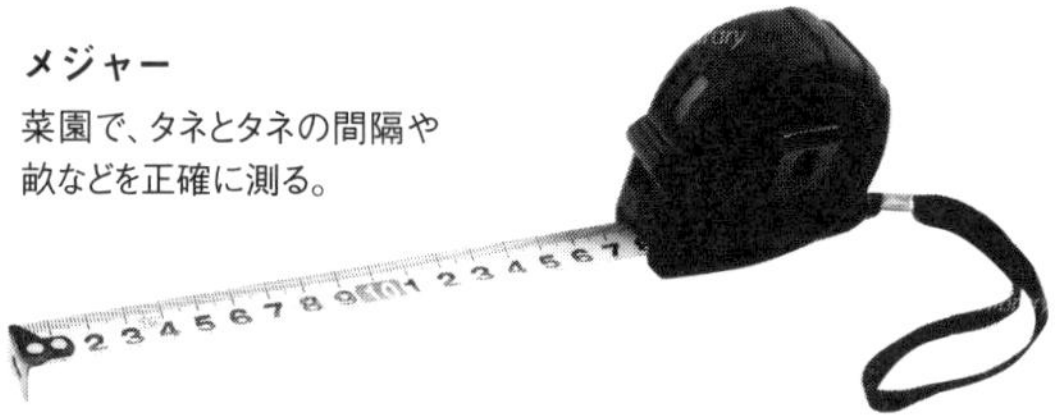

メジャー

菜園で、タネとタネの間隔や畝などを正確に測る。

酸度測定器

土に1分差すだけで土壌の酸度が計測できる。

インジケータースティック

土に差すだけで、鉢の中の乾き具合がわかる。

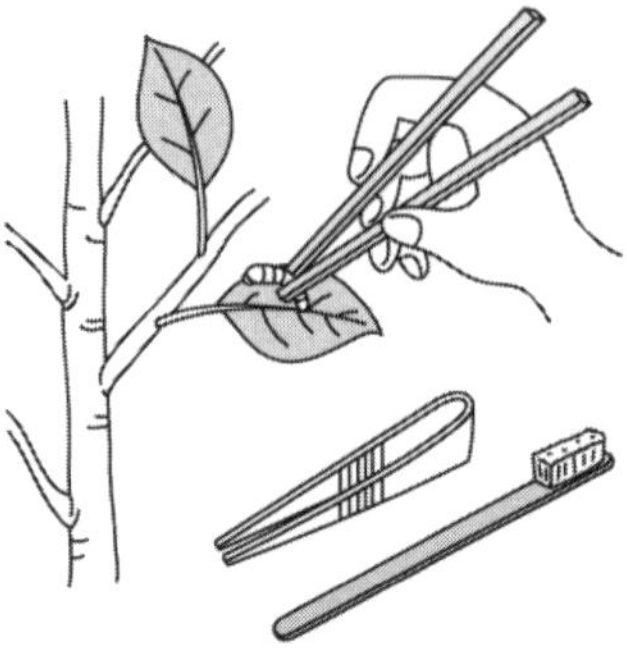

ピンセット、割り箸、歯ブラシ

ピンセットはイモムシなど害虫の捕殺の他、タネまきなどにも使用する。使い古しの割り箸はイモムシなどの捕殺に、歯ブラシはカイガラムシを幹や枝からこそげ落とす時に便利。

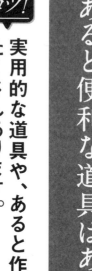

園芸用誘引結束機

枝やつるをワンタッチで支柱などに結束できるステープラー。テープは光分解する。

球根植えつけ器

球根や苗を植えつける時に、労力が省ける。

複式ショベル

深くてきれいな縦穴が掘れる。

コンテナの取りつけ金具

ベランダやフェンスなどにコンテナを飾る金具。多様なタイプがある。台風などの前はコンテナを地面に下ろしておく。

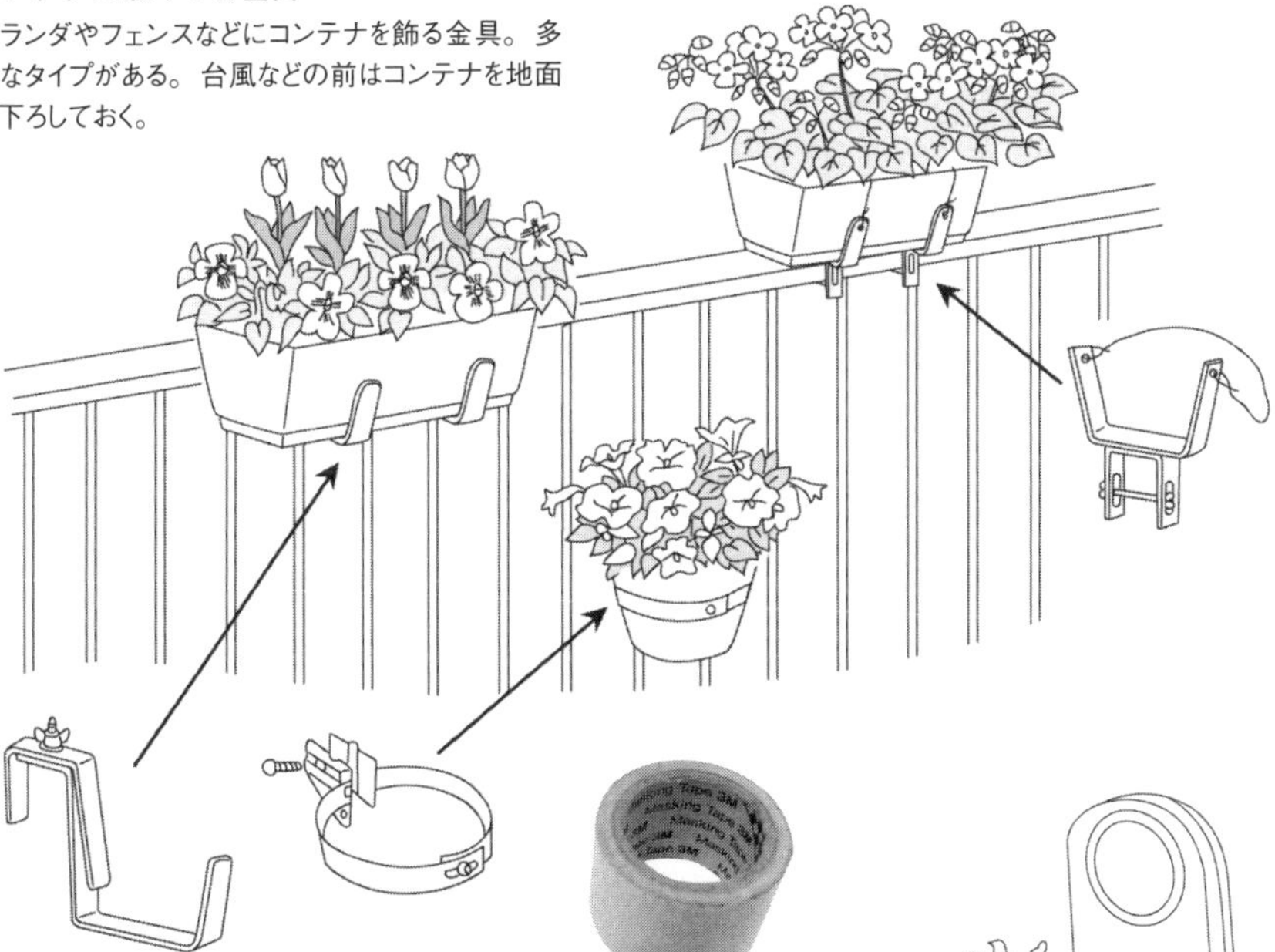

マスキングテープ

印にしたりメモを書いて貼ったりするなど、使い方自由。

コンポスト

屋外用。落ち葉や生ゴミなどを堆肥にする。虫、臭いに注意する。

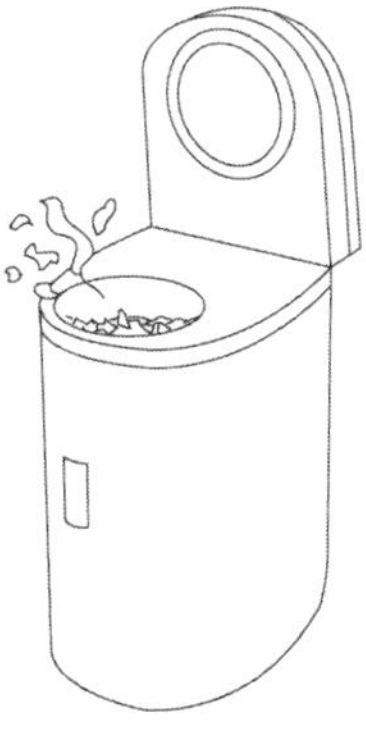

電気式生ゴミ処理機

電気式で、屋内で生ゴミを処理し、堆肥にできる。

Column

道具は身近なものと自作で工夫する

植物を扱う作業をしていると、こんな道具や資材があったら便利だなと思うことがあります。しかし、必ずしも個々の細かい作業に適した道具や資材が商品化されているわけではありません。また、似たようなものが商品化されていても、自分の目的や使い勝手に合っているわけではありません。そんな時は、身近なもので間に合わせましょう。

コート紙とカッター。雨に強いコート紙を好きなサイズに切り、タネの採取記録などを書きポットに差す。

茶袋と薬のカプセル。花後の花に茶袋をかぶせてタネを採取し、細かいタネはカプセルで保存。

使い古しの化繊入りの指の部分を切った軍手をホースの先につけると水流がまろやかに。

タネ取りは生活用品で

交配するタネ取りと交配の記録を身近な道具と資材で行う。

ピンセットはタネの採取、受粉、ケムシ捕りなどに便利。ストッパーつきがおすすめ。

竹ベラは土ならしに使用。

細い突き棒は植えつけの時に根の間に。土を入れるために使用。

太い突き棒は植え替えの時に根鉢の土落としに使用。

棒も便利な道具

右から細い突き棒、太い突き棒、竹ベラ。割り箸や菜箸など使いやすそうなものを普段使いの道具に。

Chapter 5

身につけるものや小物

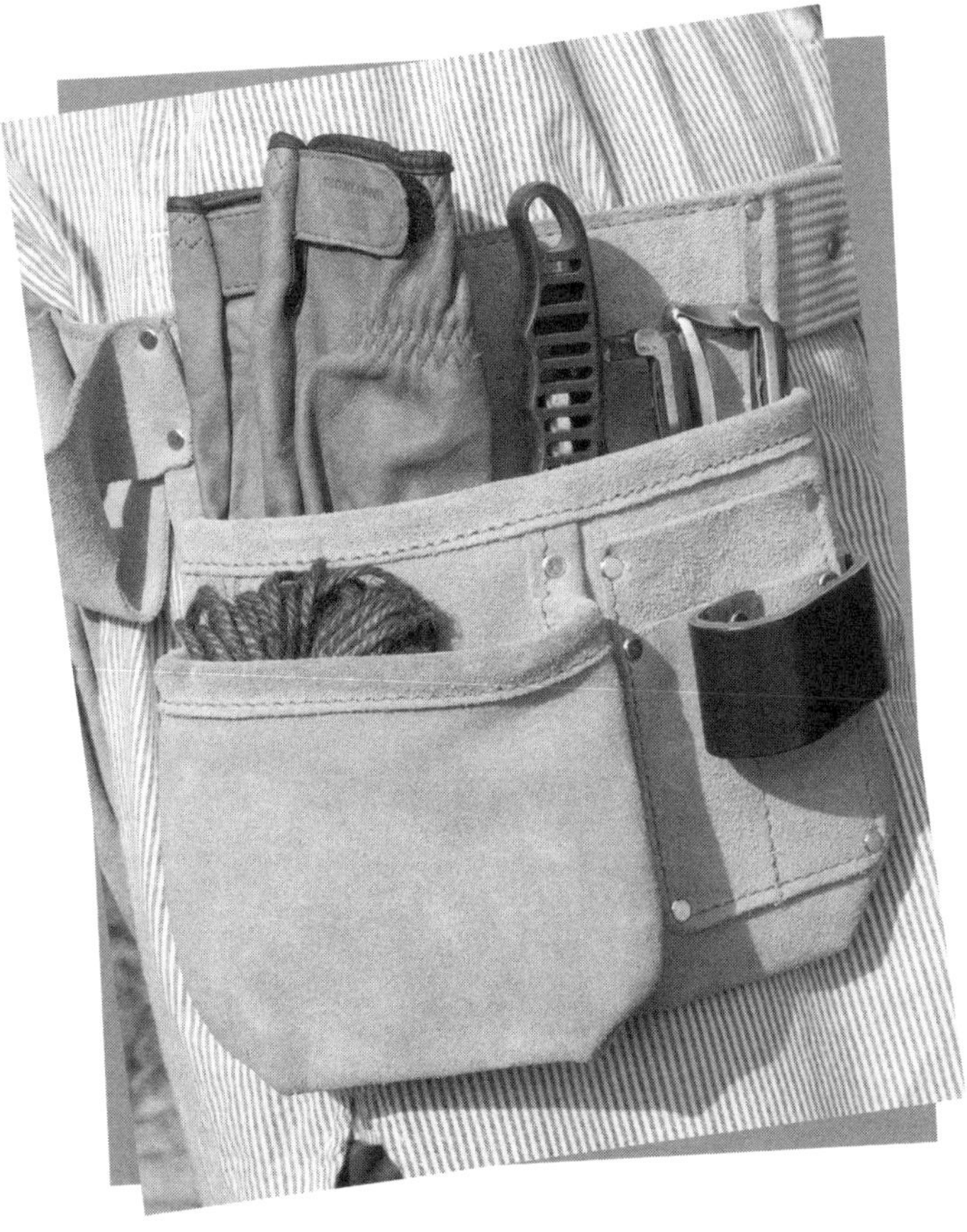

Q 普段着で作業してはいけないのですか？

ここがコツ！

汚れや危険から身を守ることを心がけます。

◆作業に適した服装や履物で

園芸や菜園の作業では、季節を問わず、長袖長ズボンを着用しましょう。帽子と手袋も必需品です。長袖では暑い時は、半袖の腕にアームカバーを着用してもよいでしょう。またレインシューズとしても使える、ゴム素材のガーデニング用シューズも1足あると便利です。

バラやかんきつ類などトゲのある植物の手入れをしていると、トゲに服が引っかかって傷んでしまうことがあります。また、肌をさらしていると、チャドクガやイラガの幼虫など毒のあるケムシに刺されることもあります。特にチャドクガは厄介で、脱皮した皮や繭などに残ったトゲに触れただけでもかぶれます。スズメバチやカ、アブなどに襲われることもあります。刃物などによる思わぬ事故があるかもしれません。

また、紫外線対策や熱中症対策も忘れずに行いましょう。猛暑が当たり前になってきていますので、帽子やバンダナ、サングラスなどで熱波から身を守り、いつでもしっかり水分補給をして作業してください。

服装や履物は、機能性とデザイン性を両立しているリーズナブルなブランドの製品がおすすめです。「ワークマン」のワーキングウエア、防寒着、長靴などが、機能的でありながらおしゃれなので、女性にも人気です。また、「通気性がよい」「薄いのに暖かい」が得意な「ユニクロ」には、「暑い時期に涼しい」「寒い時期に暖かい」インナーが多数あります。気分の上がる格好でガーデニングを楽しみましょう。

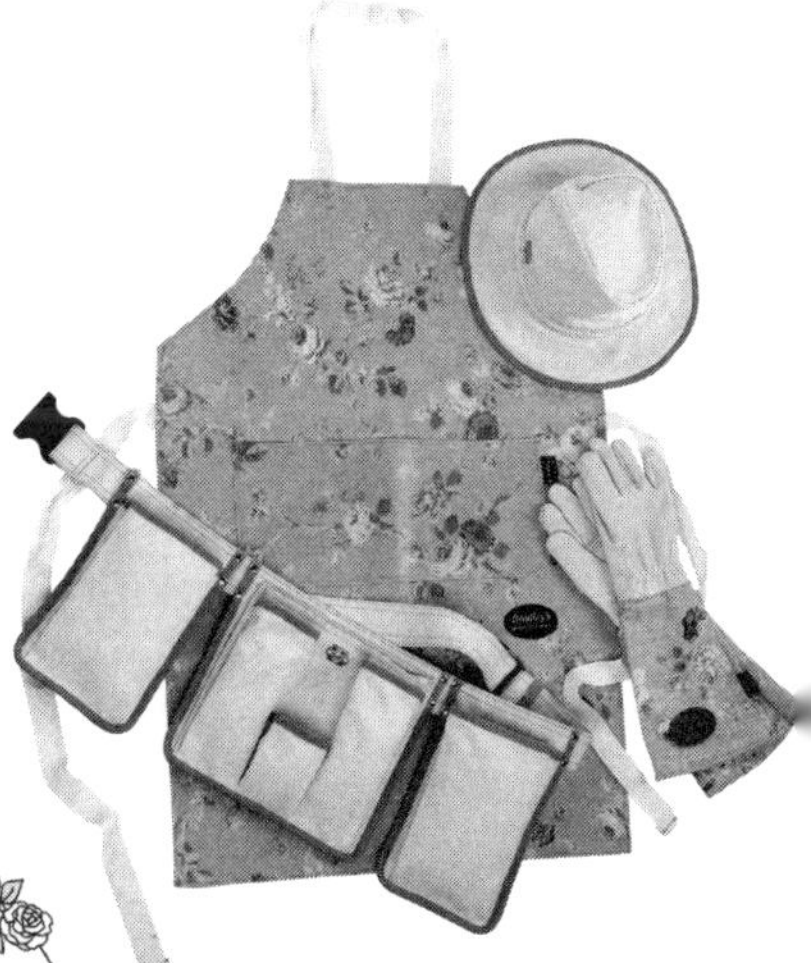

自分にフィットする服装や手袋、履物で、楽しく安全に作業したい。

Q 値段も種類もいろいろで、どの手袋を選べばよいかわかりません。

ここがコツ!

用途に合った手袋をつけましょう。

◆園芸作業の必需品

手袋は汚れを防ぎ、刃物や虫刺されなどから手を守ります。素手のほうが作業しやすいので、手袋を外したくなりますが、汚れだけでなく、虫刺されや植物のトゲ、雑菌から手を守るためにも、手袋はかならず着用するようにしましょう。イモムシやナメクジなど、直接手を触れたくない虫も、手袋をしていれば捕まえることができるかもしれません。

様々な素材、タイプのものがありますが、**植え替えや植えつけなどで便利なのは、使い捨てのビニール製のものです。爪の中に汚れが入ることはありません。また、農薬散布の時なども安心です。**

花がら摘みや除草作業などでは、掃除用のゴム手袋やゴムなどでコーティングしてあるものがよいでしょう。湿った土や水気のあるものを扱っても手が濡れにくくなります。

トゲのあるものを扱う時は、革手袋やトゲに対応した製品を選びます。特につるバラの剪定、誘引作業などではひじまで隠れる手袋が向きます。

達人の一言

鉢の植え替え、植えつけなどは、使い捨てのビニール手袋がよくフィットして作業しやすいです。

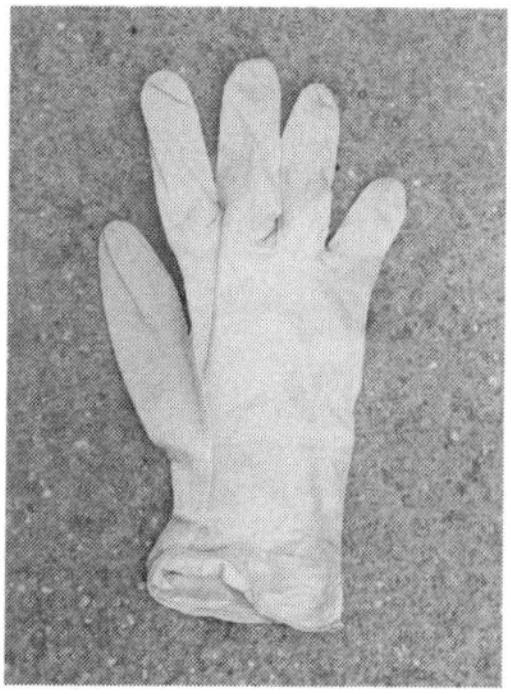

ビニール製の使い捨て手袋

爪の間に泥が入らず、手が汚れにくい。鉢の植え替えや植えつけによい。

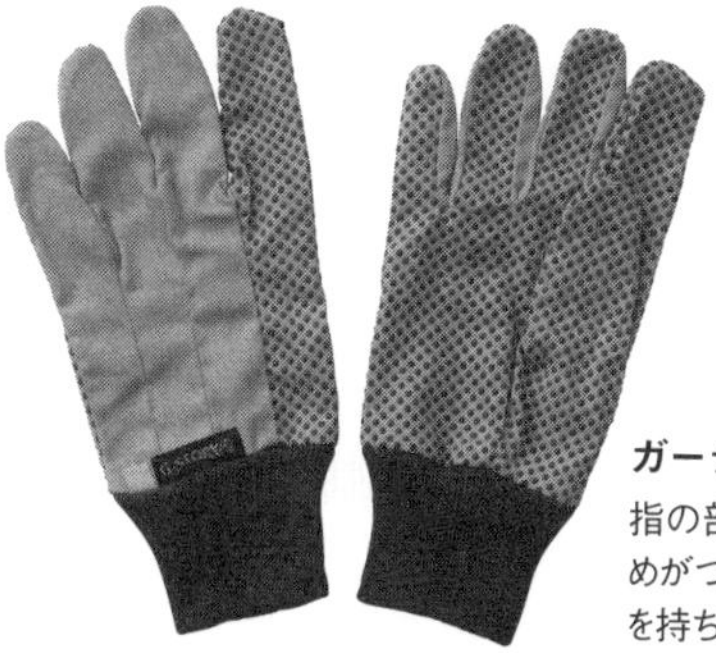

ガーデン手袋

指の部分に滑り止めがつき、重いものを持ちやすい。

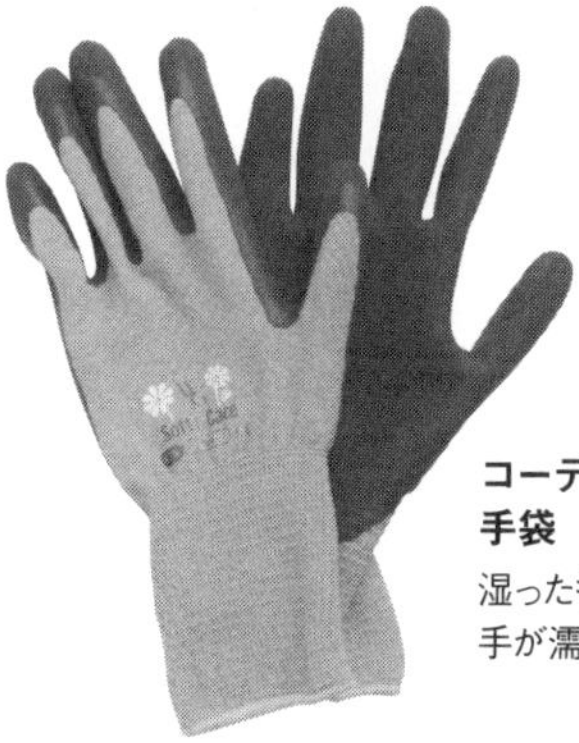

コーティングした手袋

湿ったものを扱っても、手が濡れにくい。

革手袋

革の手袋は、バラなどのトゲが通らない。

作業手袋

重いものを持つときに重宝する。園芸作業以外にも使え、サイズも豊富。

ロンググローブ

ひじまで入るカバーつきの手袋は、つるバラなどから腕を守り、防寒に優れる。

Q 泥汚れから足元を守りたいです。

ここがコツ!

汚れに備えて、シューズを準備しましょう。

◆種類も豊富。お気に入りの1足を

ガーデニング用のシューズは、いまやおしゃれな普段使いになっており、雨の時の出社やお出かけの時に使用している方が多いようです。

雨などで濡れた花壇や菜園は、歩くだけで泥だらけになります。さらに、**ぬかるんだ土は足を取られたり滑ったりしやすくなります。足のサイズに合ったゴム製のシューズを使用しましょう。**庭先などでは、ショートタイプのシューズもよいでしょう。ただし、雨などの時は、植物のためにもなるべく花壇などには入らないようにします。

園芸作業では、しゃがんで作業することも多いので、ニーパッドがあると、膝をついて作業をしても、ズボンが汚れにくく、足が冷えず、腰の負担が軽減されます。

防水用の靴はロングタイプ、ショートタイプ、シューズタイプとある。

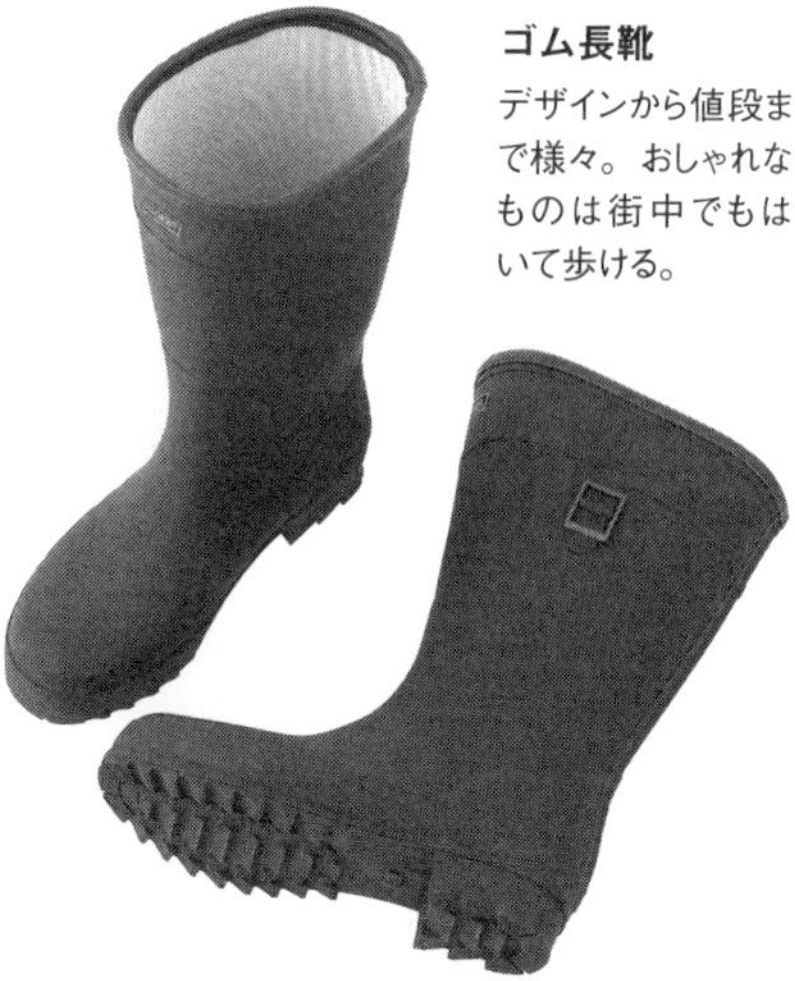

ゴム長靴

デザインから値段まで様々。おしゃれなものは街中でもはいて歩ける。

園芸作業は泥や土で汚れたり、水を扱ったり、足場が悪いこともあるので、シューズは必需品。防水性が高く、靴底が強いものがよい。

ニーパッド

膝だけのものと、すねまで覆うものがある。土から脚やズボンを守る。

達人のおすすめ

バードウオッチング長靴（日本野鳥の会）F

サイズと色が豊富。折りたためるので持ち運びしやすい。

Q 日射病対策、虫刺され対策はどうしたらよいですか？

ここがコツ！

夏に限らず、帽子をかぶる習慣をつけましょう。虫よけグッズもあります。

◆屋外では気をつける

初夏にもなると蚊やブヨなどが出てきます。防虫スプレーなどを利用するのはもちろんですが、**防虫ネットつきの帽子を準備しましょう**。虫刺されを防ぐとともに、日射病や熱中症対策にもなります。

帽子は紫外線対策にもなるので、夏だけでなく、四季を通じてかぶるようにするとよいでしょう。

虫刺され対策ですが、プロは蚊取り線香愛用者が多いです。つり下げ皿に入れた蚊取り線香をベルトにつける他、太巻きの蚊取り線香を足元に置いて作業したり、電子蚊取り器を利用したりしています。

庭やベランダ、通路などで手軽な虫よけとしては、ガーデンライト型の虫よけがあります。害虫をUVライトでおびき寄せ、電撃部に触れさせて撃退します。

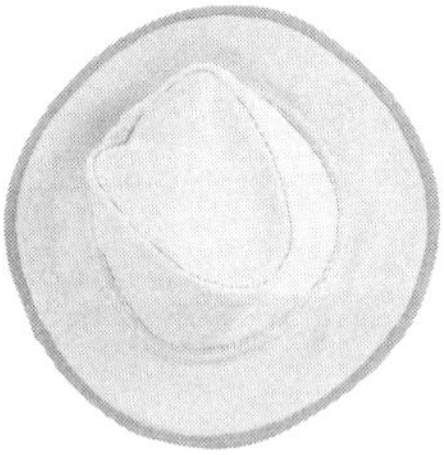

帽子

熱中症対策、紫外線対策に、帽子は不可欠。夏だけではなく、年間を通して利用したい。

虫よけ帽子

カやブヨ、ハチなどの虫刺され防止には網つきのものを。

達人のおすすめ

太巻き蚊取り線香

通常の大きさの蚊取り線香より、長時間効果が持続する。

虫よけガーデンライト

害虫をUV灯でおびき寄せ、電撃部に触れさせて殺虫する。ソーラー式のものは昼間に充電し、夜に虫除けライトとして使うので、コンセント不要で電気代がかからない。

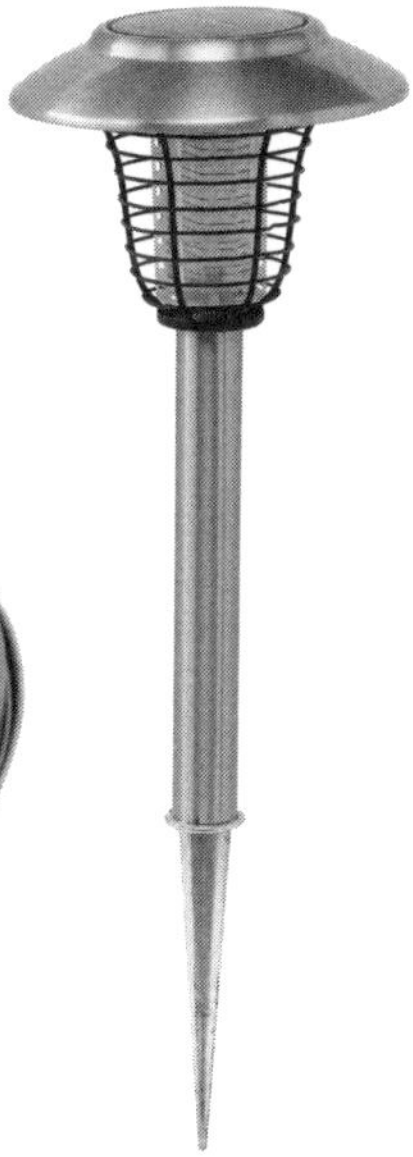

庭園灯タイプ

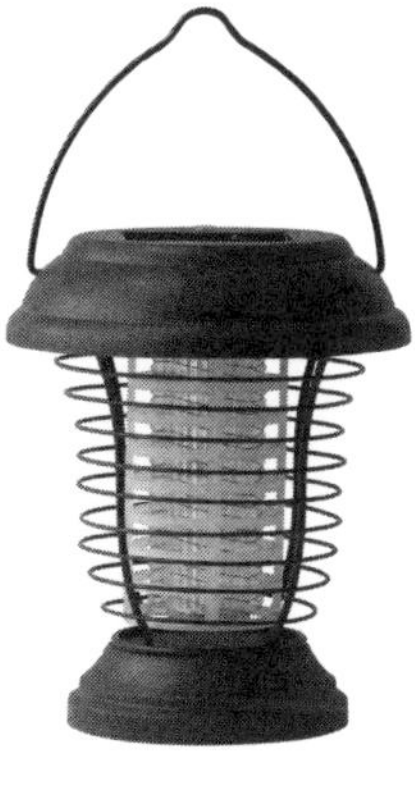

ランタンタイプ

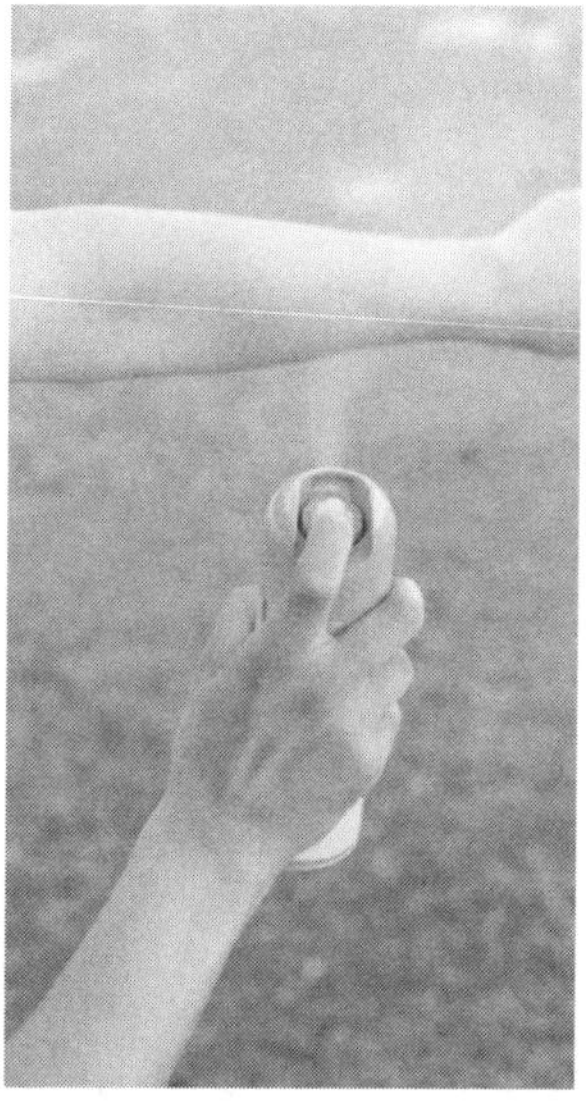

虫よけスプレー

吸い込まないように気をつける。天然成分を使用したものがおすすめ。

殺虫・忌避スプレー

ヤブ蚊やムカデを寄せつけない、スズメバチに巣をつくらせないなど、殺虫や忌避効果のある薬剤を活用するとよい。

ヤブ蚊、マダニ

スズメバチ、ハチ

アリ、ムカデ、ヒアリ、ケムシ

虫よけキャンドル

屋外用のキャンドルで、香りもよい。蚊取り線香の火種にもなる。

Q ガーデニング用のエプロンやポーチは必要でしょうか？

ここがコツ！

見た目だけでなく、作業効率や安全面からもエプロンやポーチを着用しましょう。

◆両手を使えるようにしておく

おしゃれなエプロンやポーチ、ベルトを身につけるのもガーデニングの楽しみです。でも、おすすめする理由はそれだけではありません。ハサミをポケットに入れて作業すると、ポケットに穴をあけるとか、かがんだ瞬間に皮膚を刺してしまうことがあります。

ガーデン用のエプロンやポーチ、ベルトは、ポケットに手袋、園芸バサミ、剪定バサミ、麻ひも、スマートフォン、筆記用具などを入れることができます。貴重品と一緒に道具や資材を携帯でき、両手で作業ができるので効率的です。

エプロンの素材は、綿やデニム、ポリエステルなど様々です。サイズやデザインも豊富なので、気に入ったものが見つかるでしょう。

ベルトは、着脱しやすいウエストバッグタイプがおすすめです。ポケットの数や大きさは、作業内容に合わせて選ぶとよいでしょう。

ポーチは肩から下げるだけなので、手間がかかりません。ハサミしか使わなければホルダーが便利です。

ガーデンベルト

作業時に複数のハサミ、ひもなどの結束道具などが入れられて便利。

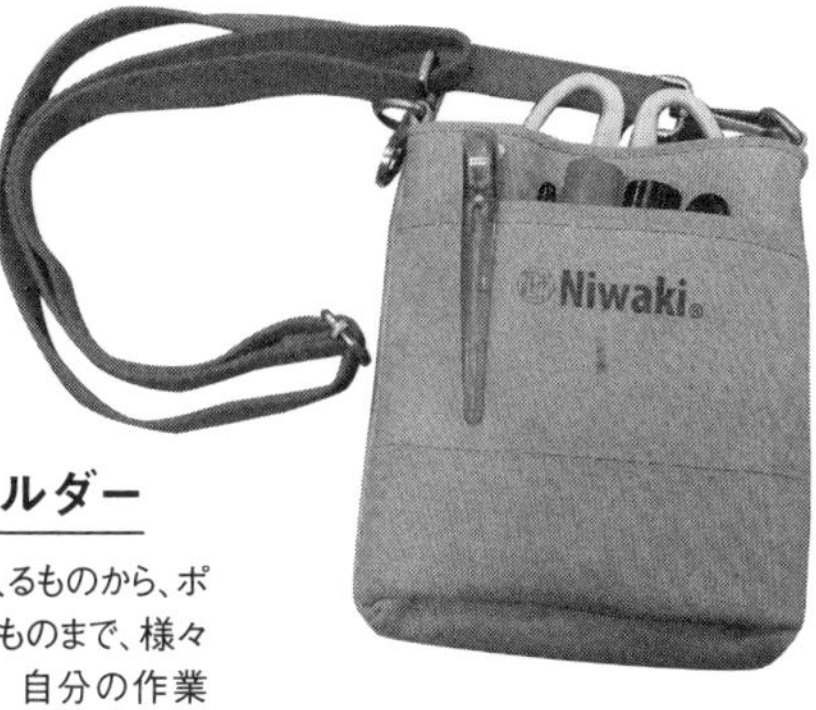

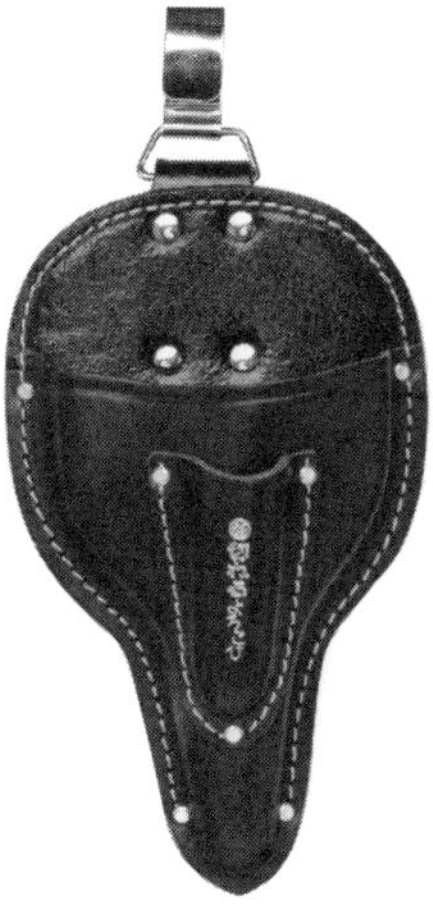

ポーチやホルダー

ハサミ1本だけ入るものから、ポケットが複数あるものまで、様々なタイプがある。自分の作業内容に合わせて選びたい。

ポーチ

ホルダー

ロングエプロン

広い範囲の汚れを防ぐので、普段着でちょっと作業する時などに便利。

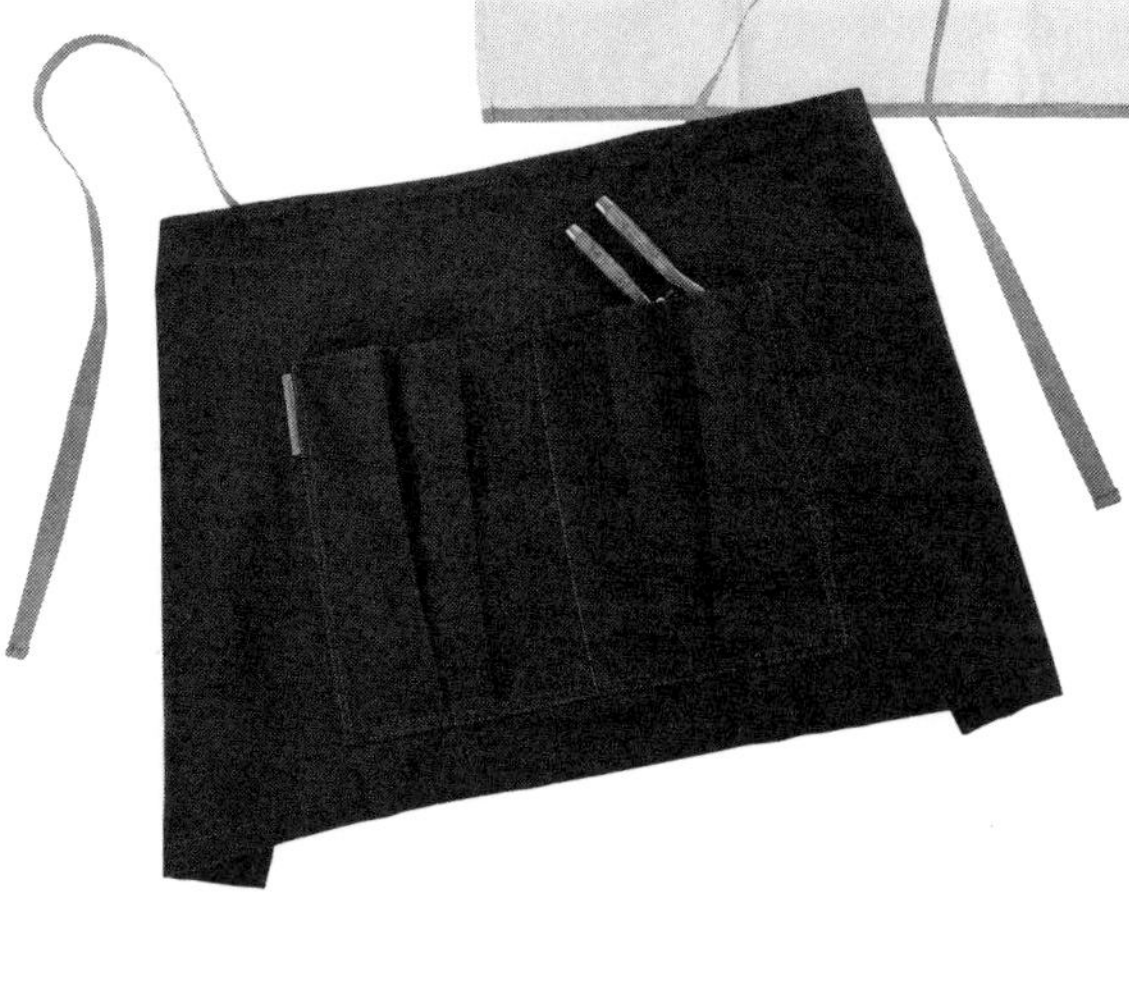

ハーフエプロン

取り回ししやすく、ポケットつきのものは道具や資材も入れられる。

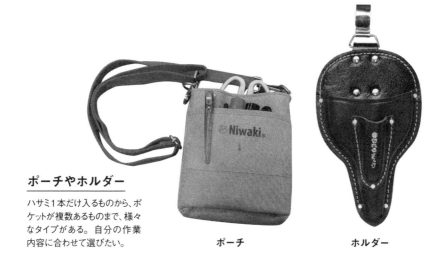

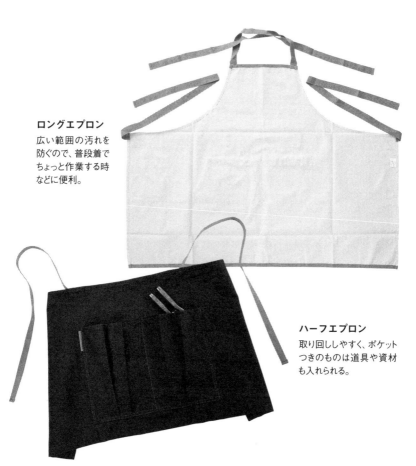

Q

道具の歴史

園芸道具は昔からあったのですか？

ここがコツ！

日本では奈良時代にはすでに道具があったかもしれません。江戸時代に発展しました。

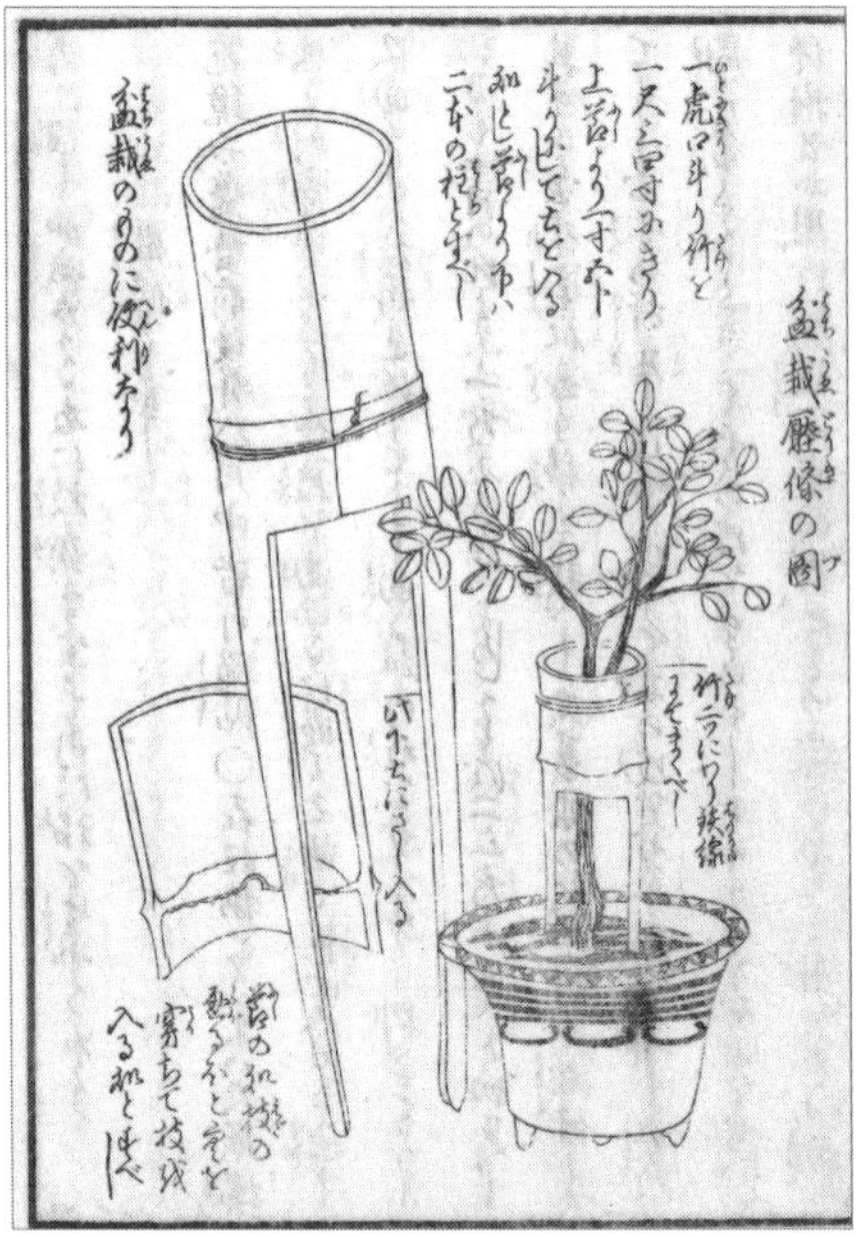

『草木育種』岩崎常正，阿部喜任［著］
天保4-8［1833-1837］　雑花園文庫蔵

◆園芸道具は奈良時代にもあった？

江戸時代以前に「園芸」という言葉は見当たりません。おそらく明治になり、英語のホーティカルチャー（Horticulture）を誰かが「園芸」と訳したのが定着したのでしょう。では何と表現していたのでしょうか。「植木」「植木屋」「場師」「庭師」「花作り」さらに専門家として、「菊作り」「朝顔師」などが文献に見える言葉です。しかしここでは、園芸の文字を使用して、園芸道具（農具）の歴史を振り返ります。

『万葉集』（奈良時代末期［8世紀後半］に成立したと思われる）に、

去年《こぞ》の春　い掘《こ》じて植ゑし　吾が屋外《やど》の　若樹の梅は

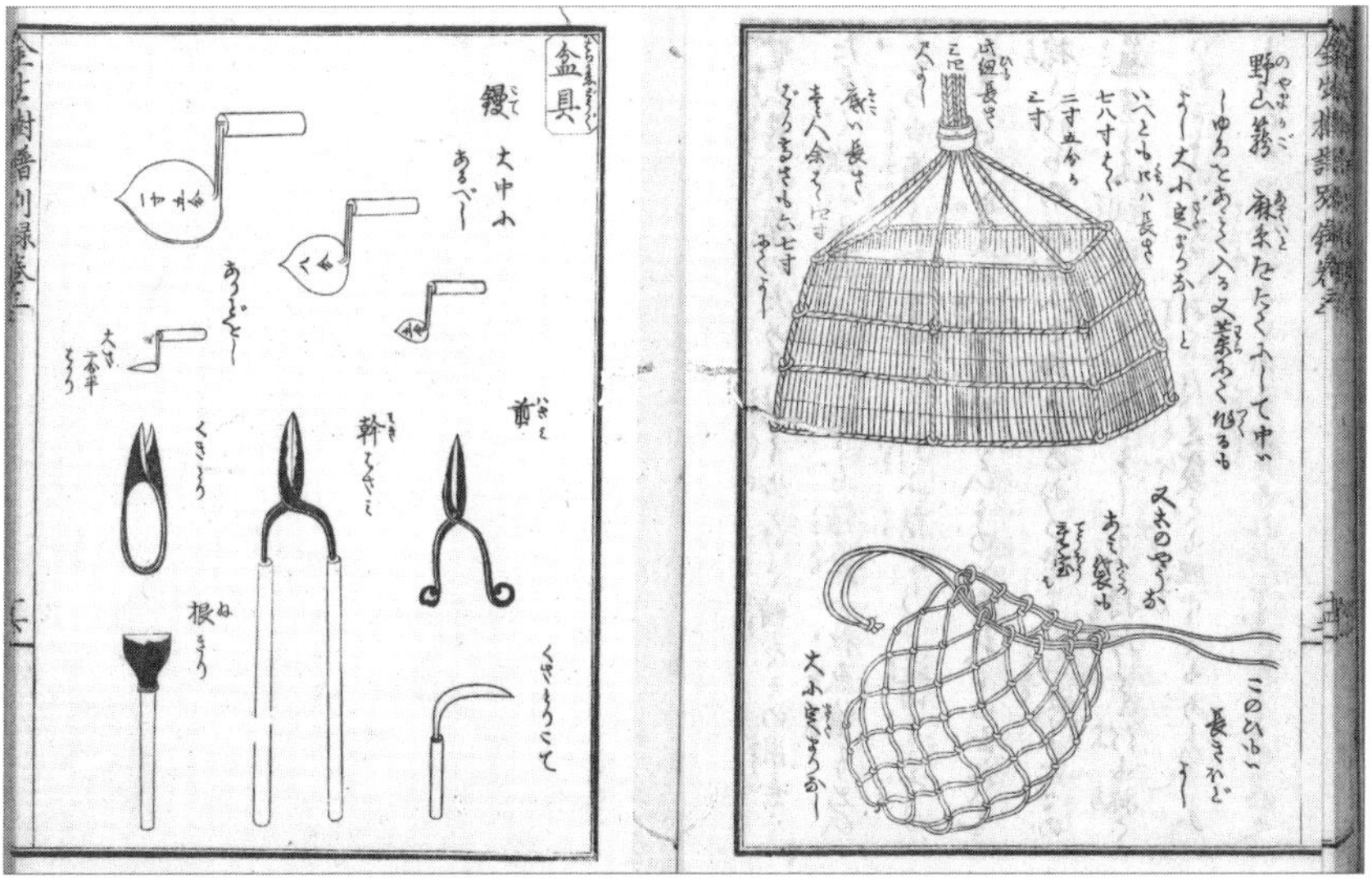

『金生樹譜』長生舍主人 編 ［天保中頃］ 雑花園文庫蔵

花咲きにけり（1423）

とあるように、万葉人も「庭に植えたウメの若木が咲き始めた」と詠じています。万葉人も何らかの道具を使ったのでしょうが、栽培や移植でいかような道具を用いられたのかは記録がなく、定かではありません。

平安時代（794～1185）になると、我が国で最も古い部種別漢和辞典である『倭名類聚抄《わみょうるいじゅうしょう》』源順《みなもとのしたごう》（選、承平5年（935）成立の巻4、農耕の具（第195）に「カラスキ」「スキ」「クワ」「コスキ」「カマ」など12種の道具が漢文で説明してあります。たぶん中国などから伝わったであろう道具を転用し、日本の園芸道具は始まったと思われます。しかし残念なことに、具体的な図や絵は残っていません。

◆江戸時代の園芸道具がイラストでわかる

時代が進み、江戸時代初期、本邦初の絵入り百科事典ともいわれる『訓蒙図彙《きんもうずい》』中村惕斎《てきさい》著　寛文6年（1666）刊は、内容的には『倭名類聚抄』から大きな変化はありませんが、「クワ」「スキ」「カマ」など多くの道具の図が入り、江戸時代の道具がどのようなものであったのかを知る

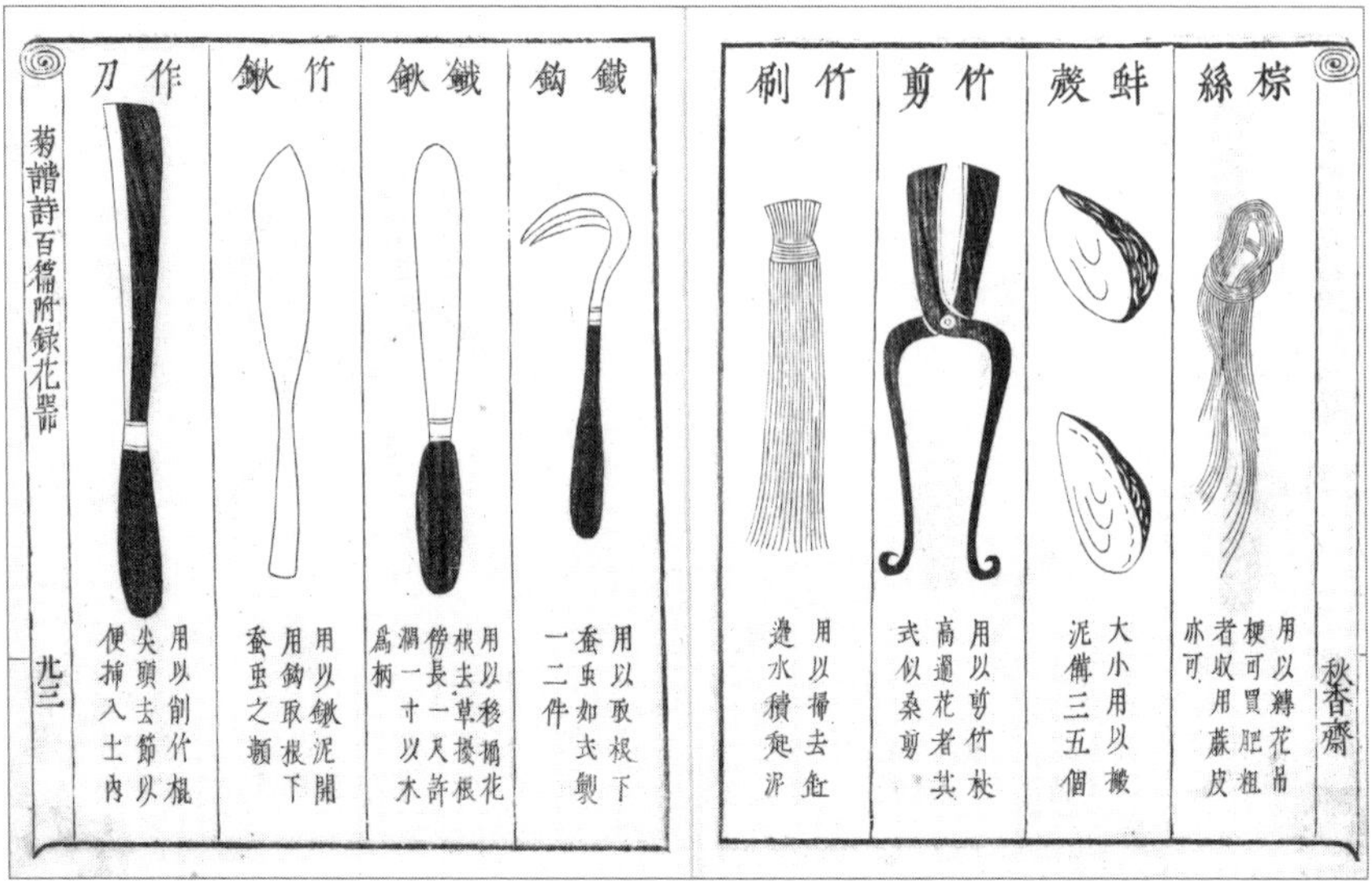

『菊詩百篇附録』　雑花園文庫蔵

ことができます。ところが、園芸専門書として著作刊行された『花壇綱目《かだんこうもく》』水野元勝著　延宝9年（1681）刊には、道具については記載がありません。

園芸道具としては、明時代の中国書、徳善斉著『菊詩百篇』を翻刻、点訓を加えて本編上下2冊、菊の品種図鑑、附録1編の栽培手引書としてまとめた『菊譜百詠図』に、「花器」と題して19種が図とともに記載されています。私見ですが、園芸専門に道具を絵入りで紹介した本は、この本がはじめてではないかと思います。

内容は、

1　花針＝害虫を刺して捕る
2　水杓＝ヒシャク　水を注ぐ
3　花剪＝鋏
4　棕糸＝シュロの毛　茎を結ぶ
5　鮑殻＝アワビの殻　移植ゴテ、土すくい
6　竹剪＝剪定鋏

などがあり、土篩《フルイ》は細、粗の2種あり、肥料用のおけ、ヒシャク、最後に噴壷《ふんこ》＝ジョウロで終わります。翻刻本ながら、ジョウロの図を記載した最初のものでしょう。ちなみに、本書の刊行以降、江戸時代を通じて、キクの栽培が盛んになりました。同時に、本書以降に刊行されるキクの栽

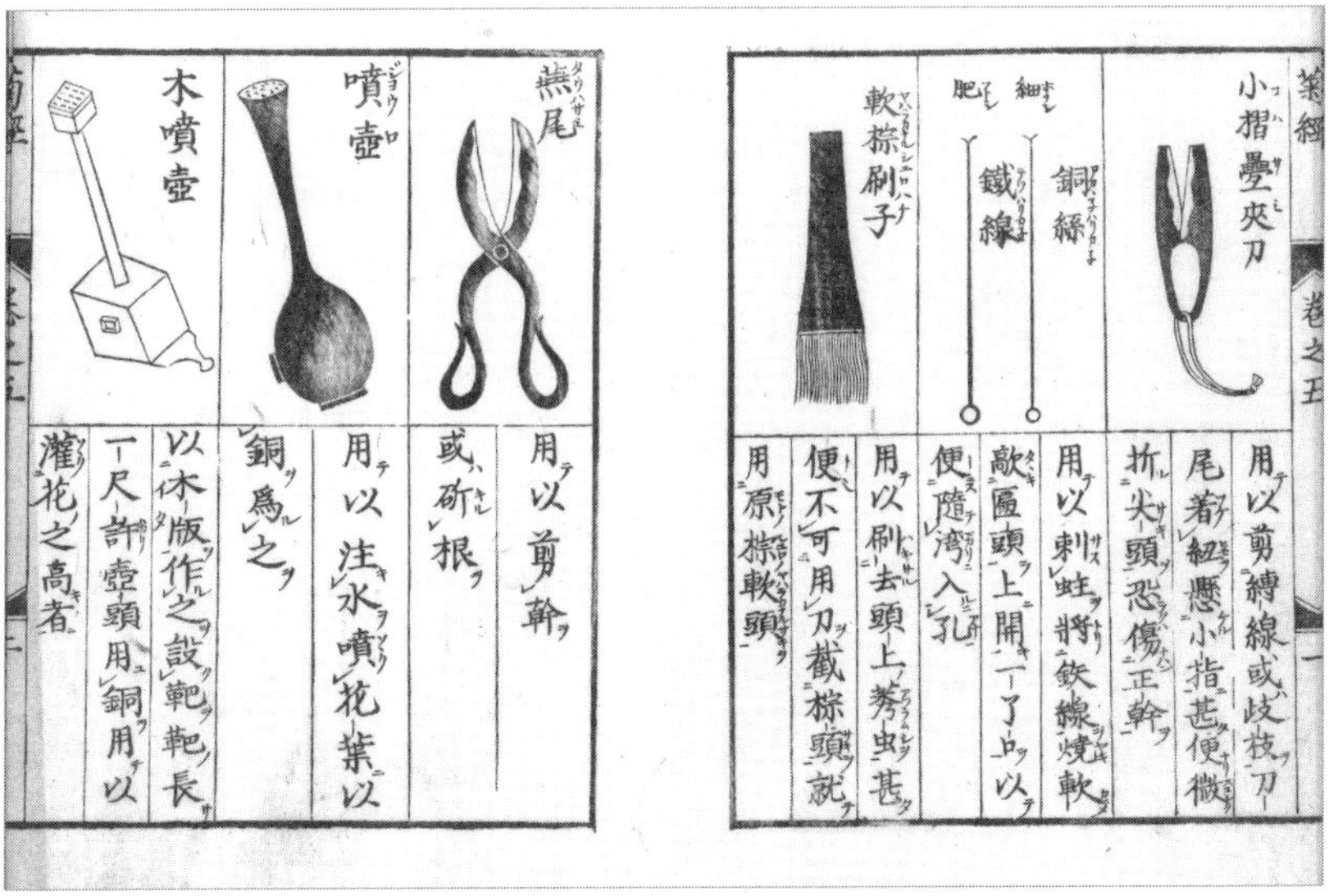

『国字略解菊経（黄龍公菊経国字略解）』松平頼寛著 宝暦5年（1755） 雑花園文庫蔵

培書に、道具の記載例が多くなります。

例えば、霽月堂丈竹《せいげつどうじょうちく》著『当世後の花』正徳3年（1713）刊には、

泥鏝＝コテ

手鋤《すき》＝植え替えに用いる

如露《じょろ》＝常に用いる

などが、ともに図示されています。

同じく菊の書として、『国字略解《こくじりゃくかい》・菊経《きくきょう》』・松平頼寛《よりひろ》源著　宝暦5年（1755）刊には、合計30種があり、この中には面白いものとして、

鐸《れい》＝風鈴、土竜《もぐら》よけに使う

花牌《ふだ》＝華伯＝ラベル

などがあり、さらに害虫図として18種、菊虎《キクスイ》、夜盗虫《ヨトウムシ》、蝗《イナゴ》、尺取《シャクトリ》、黒蚰《ナメクジ》などもあり、害虫に悩まされるのは今日でも同じですが、当時は今日のような農薬はなく、常に捕殺が中心であったことがわかります。

◆明治期

文明開化の掛け声とともに、新しい時代となり、欧米との通商が盛んに行われることにより、明治政府は開拓吏＝農事試験場を設立、欧米諸国から農機具、園芸用器具などが多種多用に導入され、一気に園芸道具も西洋化されて広まっていきました。

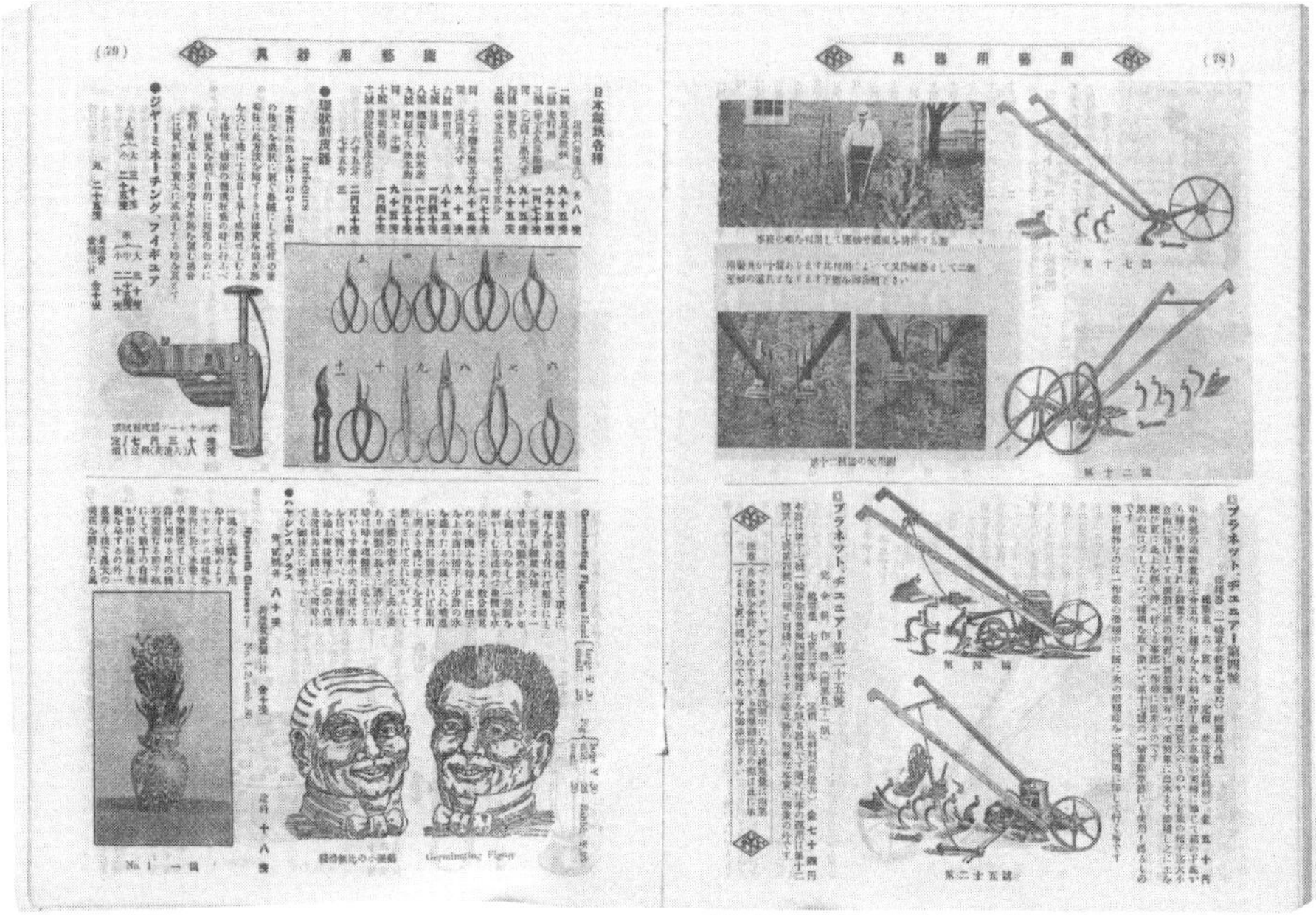

「横浜植木 園芸要覧（1921）」
雑花園文庫蔵

「横浜植木 園芸要覧（1921）」
雑花園文庫蔵

達人の一言

園芸の基本は「観察行（かんさつぎょう）」。観て、察して、行（おこな）ってください。

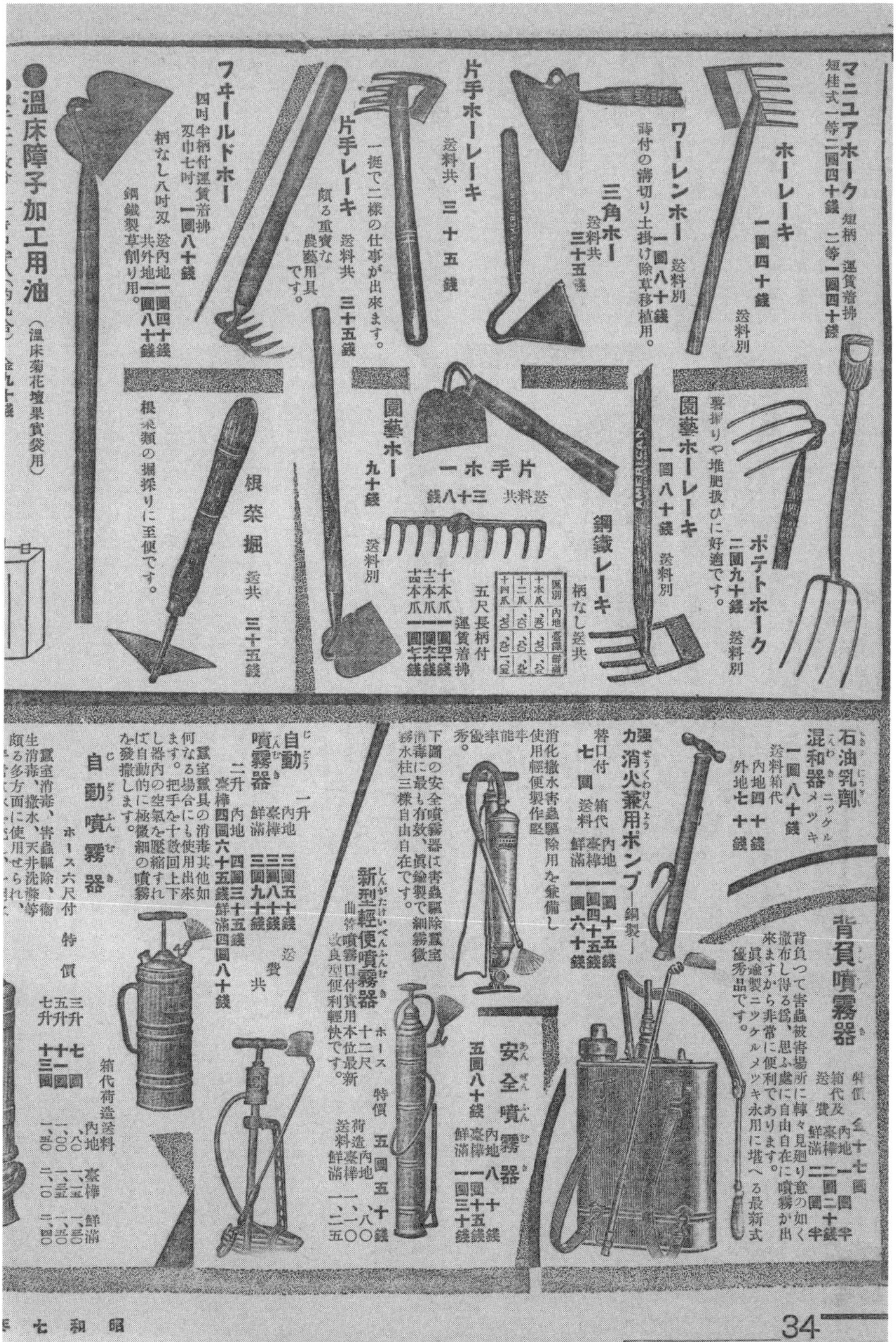
マニユアホーク 短柄 運賃着払
短柱式一等二圓四十錢 二等一圓四十錢

ホーレーキ
一圓四十錢 送料別

ワーレンホー 送料別 一圓八十錢
蒔付の溝切り土掛け除草移植用。

三角ホー 送料共 三十五錢

片手ホーレーキ 送料共 三十五錢

一挺で二様の仕事が出來ます。

片手レーキ 送料共 三十五錢
頗る重寶な農藝用具です。

フキールドホー
四吋半柄付運賃着払 一圓八十錢
刄巾七吋
柄なし八吋刄 送料共 内地一圓四十錢 外地一圓八十錢
鋼鐵製草削り用。

●温床障子加工用油（温床菊花壇果實袋用）

園藝ホーレーキ
薯掘りや堆肥扱ひに好適です。
一圓八十錢 送料別

ポテトホーク
二圓九十錢 送料別

鋼鐵レーキ
柄なし送共

區別	内地	臺樺	鮮満
十本爪	、吾	、㐂	、㐂
十二爪	、吝	、吝	、㐂
十四爪	、㐂	、吝一	、㐂

五尺長柄付 運賃着払
十本爪 一圓四十錢
十二本爪 一圓六十錢
十四本爪 一圓七十錢

片手ホー
送料共 三十八錢

園藝ホー
九十錢 送料別

根菜掘 送共 三十五錢
根菜類の掘採りに至便です。

石油乳剤《せきゆにゅうざい》混和器《こんわき》メッキ《ニッケル》
一圓八十錢
送料箱代 内地四十錢 外地七十錢

強力消火兼用《せうくわけんよう》ポンプ―銅製―
替口付 七圓
箱代送料 内地一圓十五錢 臺樺一圓四十五錢 鮮満一圓六十錢
消化撒水害蟲驅除用を兼備し使用輕便製作堅牢能率優秀。

背負噴霧器
背負つて害蟲被害場所に轉々見廻り意の如く撒布し得る爲、思ふ處に自由自在に噴霧が出來ますから非常に便利であります。眞鍮製ニツケルメツキ永用に堪へる最新式優秀品です。
特價 金十七圓半
箱代及送費 内地一圓 臺樺二圓二十錢 鮮満二圓半

下圖の安全噴霧器は害蟲驅除蠶室消毒に最も有效、眞鍮製で細霧微霧水柱三様自由自在です。

安全《あんぜん》噴霧器《ふんむき》
五圓八十錢
内地八十錢 臺樺一圓十五錢 鮮満一圓三十錢

新型輕便噴霧器《しんがたけいべんふんむき》
ホース十二尺曲管噴霧口付實用本位最新改良型便利輕快です。
特價 五圓五十錢
荷造送料 内地八〇〇 臺樺一、一〇〇 鮮満一、二五

自動《じどう》噴霧器《ふんむき》
一升 内地三圓五十錢 臺樺三圓八十錢 鮮満三圓九十錢
二升 内地四圓三十五錢 臺樺四圓六十五錢 鮮満四圓八十錢
送費共
蠶室蠶具の消毒其他如何なる場合にも使用出來ます。把手を十數回上下し器内の空氣を壓縮すれば自動的に極微細の噴霧を發撒します。

自動《じどう》噴霧器《ふんむき》
ホース六尺付 特價
三升 七圓
五升 十一圓
七升 十三圓
箱代荷造送料 内地 一、〇〇／一、〇〇／一、吾 臺樺 一、壬／一、壬／二、〇 鮮満 一、吾／一、吾／二、吾
蠶室消毒、害蟲驅除、衛生消毒、撒水、天井洗滌等頗る多方面に使用せられ

昭和七年
34

「日本種苗合資会社」カタログ　雑花園文庫蔵

サカタのタネ　ガーデンセンター横浜
タネ、苗から園芸用品を豊富に取りそろえる日本最大級の園芸専門店。
神奈川県横浜市神奈川区桐畑2
Tel: 045-321-3744
HP https://www.sakataseed.co.jp/gardencenter/
OS https://shop.sakataseed.co.jp/

京成バラ園・ガーデンセンター
バラ1,600品種の庭園に併設。バラ・園芸雑貨・花苗・観葉・多肉サボテンが豊富。
千葉県八千代市大和田新田755
Tel: 047-459-3347
HP https://www.keiseirose.co.jp/garden/shopping/
OS https://ec.keiseirose.co.jp/

ミヨシ ペレニアルガーデンショップ ABABA
標高850mにある宿根草ガーデン併設のショップ。花苗やグッズが豊富。店舗営業は4〜10月。
山梨県北杜市小淵沢町上笹尾3181
Tel: 0551-36-5918
HP https://www.miyoshi-group.co.jp/ababa/
OS https://www.rakuten.co.jp/shopababa/
※オンラインショップは花苗のみ

コマツガーデン　ロザ ヴェール
ローズファーマー後藤みどりさんのお店。バラとガーデニングの苗と資材の専門店。
山梨県中巨摩郡昭和町上河東1323-2
Tel: 055-287-8758
HP http://www.komatsugarden.co.jp/
OS http://www.komatsugarden-online.com/

名古屋園芸 E
贈り物に好適な鉢花やフラワーアレンジのほか、鉢や道具、書籍など何でもそろう園芸専門店。
愛知県名古屋市中区東桜2-18-13
Tel: 052-931-8701
HP http://nagoyaengei.co.jp/
OS http://nagoyaengei.shop22.makeshop.jp/

赤塚植物園 FFCパビリオン
三重県最大級のガーデンセンター。「レッドヒル ヒーサーの森」の他、同社運営の数々のガーデンも見どころ。
三重県津市高野尾町1868-3
Tel: 059-230-2121
HP https://www.jp-akatsuka.co.jp/pavilion/
OS http://hana-ne.com/

京都・洛西 まつおえんげい
明治年間から続く総合園芸店。自社で生産販売するバラやクレマチスの品種数は国内最大級。
京都府京都市西京区大枝西長町3-70
Tel: 075-331-0358
HP https://matsuoengei.co.jp/
OS https://matsuoengei.ocnk.net/

◆リアル店舗

sekiguchi-dai 音の葉
『緑から四季の移り変わりを感じる』をコンセプトにしたグリーンショップ。
東京都文京区関口2-11-31
Tel: 03-3942-0108
HP https://www.oto-no-ha.jp/

オザキフラワーパーク
花や緑から資材・道具などガーデニングのすべてがそろう「FIVE STAR」(五つ星)認定店。
東京都練馬区石神井台4-6-32
Tel: 03-3929-0544
HP https://ozaki-flowerpark.co.jp/

YEG Original SHOP&CAFÉ
1,800種のバラと季節の花や樹木が美しいガーデンの併設ショップ。小物やグッズも充実。
神奈川県横浜市西区西平沼町6-1　tvk ecom park 横浜イングリッシュガーデン内
Tel: 045-620-6020
HP https://www.y-eg.jp/shopfood/

vivo　洋光台本店
花生産者が運営する生花、園芸、ガーデニングのおしゃれな専門店。
神奈川県横浜市磯子区洋光台1-16-19
Tel: 045-833-2827
HP http://vivo.jp.net/

Gardenplace 花のワルツ
美しいガーデンを併設した園芸店。
埼玉県久喜市菖蒲町柴山枝郷415
Tel: 0480-31-6700
HP https://waltz8787.shopinfo.jp/

ジョイフル本田　瑞穂店
関東地方中心のホームセンター。
園芸関連も充実。他の店舗はHPで検索。
東京都西多摩郡瑞穂町殿ヶ谷442
Tel: 042-568-2331
HP https://www.joyfulhonda.com/

メイクマン　浦添本店
沖縄のホームセンター。豊富な品ぞろえに加え、
実演や講習会も多数開催。
沖縄県浦添市字城間2008
Tel: 098-878-2777
HP https://makeman.co.jp/

[著者紹介]

執筆

小笠原左衛門尉亮軒
（おがさわら さえもんのじょうりょうけん）
公益社団法人園芸文化協会 会長、一般財団法人雑花園文庫 庫主、名古屋園芸株式会社 取締役隠居

柴田 貢（しばた みつぐ）
公益社団法人園芸文化協会 常務理事、柴田園芸株式会社 代表取締役社長、公益社団法人日本家庭園芸普及協会 理事

望田明利（もちだ あきとし）
公益社団法人園芸文化協会 理事、グリーンアドバイザー園芸ソムリエ

丹羽理恵（にわ りえ）
公益社団法人園芸文化協会
事務局長

協力

笈川勝之（おいかわ かつゆき）
公益社団法人園芸文化協会 監事、育種家、フラワーファーム都筑の里
代表

小笠原 誓（おがさわら せい）
名古屋園芸株式会社 代表取締役社長、園芸研究家、マミフラワーデザインスクール 専攻科講師

奥 峰子（おく みねこ）
公益社団法人園芸文化協会 常務理事、花壇設計家、有限会社ホリーホックガーデン 代表取締役社長

村山 忠（むらやま ただし）
公益社団法人園芸文化協会 前事務局長、テクノ・ホルティ園芸専門学校
名誉校長

[おすすめオンラインショップ・リアル店舗]

HP ＝ホームページ　OS ＝オンラインショップ
2020年6月末現在

◆ オンラインショップ&ホームページ

Sunday's Garden A
ほとんどの園芸道具と資材がそろうサイト。
OS https://store.shopping.yahoo.co.jp/sundays-garden/

ARS園芸刃物ショップ B
園芸刃物を取りそろえた、総合刃物メーカー。
OS https://www.ars-shop.net/

金象本舗 C
日本ではじめてスコップ、ショベルを国産化した老舗。
OS https://shop.asaka-ind.co.jp/

リッチェル公式ウェブショップ
「人と花、暮らしと緑を結ぶ」をモットーに、プラスチックの園芸グッズを製造販売。
OS https://www.richell.co.jp/shop/gardening/

住友化学園芸商品ガイド
病害虫防除の薬剤、除草剤、肥料など園芸資材が充実。
OS https://www.sc-engei.co.jp/guide/

タキイネット通販
欲しい商品がきっと見つかる! 100年以上の歴史があるタキイの通販。
OS https://shop.takii.co.jp/

NHK出版
セレクトされた道具や資材を中心に紹介。
OS https://www.nhk-book.co.jp/

ディノス
ガーデン用品の他、幅広いジャンルで多数の商品がそろう。
OS https://www.dinos.co.jp/

HONDA
耕うん機、芝刈機の他、各種エンジン製の農具がある。販売店はHPから検索。
HP https://www.honda.co.jp/

◆ オンラインショップ&リアル店舗

カインズ D
全国展開のホームセンター。園芸関連も充実。リアル店舗はHPで検索。
HP http://www.cainz.co.jp/
OS https://www.cainz.com/shop/

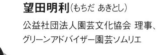

[著者] 公益社団法人園芸文化協会

1944(昭和19)年創立の園芸愛好団体。2014(平成26)年公益社団法人に移行。「園芸文化の普及と向上」を目的に、セミナーやイベント、コンテスト、即売会、功労者表彰、ボランティアの管理運営、機関誌の発行等さまざまな活動を通し、日本の園芸文化の伝統を守りつつ時代に合った園芸文化の創出と普及啓蒙活動を行っている。

HP http://www.engeibunka.or.jp/

写真協力(順不同):浅香工業株式会社　アズマ工業株式会社　アルスコーポレーション株式会社
株式会社伊藤商事　キンボシ株式会社　株式会社サカタのタネ　株式会社サボテン
柴田園芸刃物株式会社　住友化学園芸株式会社　タキイ種苗株式会社　名古屋園芸株式会社
株式会社フルプラ　株式会社マキタ　株式会社リッチェル

一般財団法人雑花園文庫　公益社団法人園芸文化協会

STAFF

デザイン/庭月野 楓 (monostore) | **本文デザイン**/和田康子 | **イラスト**/五嶋直美、梶原由香利

切《き》る・掘《ほ》る・まく
園《えん》芸《げい》道《どう》具《ぐ》の選《えら》び方《かた》・使《つか》い方《かた》「コツ」の科《か》学《がく》

2020年7月30日　第1刷発行

著　者　公益社団法人園芸文化協会《こうえきしゃだんほうじんえんげいぶんかきょうかい》

発行者　渡瀬昌彦

発行所　株式会社 講談社
〒112-8001　東京都文京区音羽2-12-21
電話　03-5395-3606(販売)
　　　03-5395-3615(業務)

編　集　株式会社講談社エディトリアル
代表　堺 公江
〒112-0013　東京都文京区音羽1-17-18 護国寺SIAビル6F
電話　03-5319-2171(編集部)

印刷　株式会社新藤慶昌堂

製本所　株式会社国宝社

N.D.C.627　143p　21cm

ISBN978-4-06-518605-3